복음이란 무엇인가

복음이란 무엇인가

지은이 김세윤
초판발행 2003. 4. 7.
69쇄발행 2024. 8. 13.
등록번호 제 3-203호
등록된 곳 서울시 용산구 서빙고로65길 38
발행처 사단법인 두란노서원
영업부 2078-3333
F A X 080-749-3705
편집부 2078-3478

* 책값은 뒤표지에 있습니다.

ISBN 978-89-92635-07-3-03230

독자의 의견을 기다립니다.
moksin@chol.com
http://www.Duranomall.com

두란노아카데미는 두란노의 '목회전문' 브랜드입니다.

복음이란 무엇인가

김세윤 지음

두란노

머리말 6
서론 8

1. 복음을 필요로 하는 새로운 시대
2. 문제 : 예수의 복음과 사도들의 복음

1부 예수의 하나님 나라의 복음

1장 하나님 나라의 이해를 위한 배경과 전제 29
1. 구약과 유대교적 배경
2. 예수의 하나님 나라 선포에 있어서 네 가지 전제들

2장 예수의 하나님 나라 선포 45
1. 가까운 장래에 올 하나님 나라
2. 예수의 하나님 나라 묘사의 특징
3. 하나님 나라의 현재적 실현

3장 하나님 나라는 언제 오는가? 89

4장 하나님 나라는 어떻게 오는가? 92
1. 하나님 나라는 초월에서 은혜로 온다
2. 하나님 나라의 초월성과 은혜성이 함의하는 신론
3. 하나님 나라의 은닉성, 필연성, 점진성
4. 예수의 하나님의 나라에 대한 가르침의 전제들
5. 사랑의 이중계명

5장 하나님 나라 선포에 있어서 예수의 의도 117

6장 예수는 하나님의 백성을 어떻게 창조하는가? 127
1. 하나님 나라의 복음 선포를 통하여
2. 자신의 죽음을 통하여

Contents

2부 사도들의 그리스도의 죽음과 부활의 복음

7장 예수의 죽음 137

8장 예수의 부활과 사도들의 복음의 기원 144

9장 사도들이 선포한 복음 151
  1. 예수는 우리 죄를 위해서 죽은 메시아이다
  2. 의인이라 선언함
  3. 화해시킴
  4. 하나님의 아들의 사역
  5. 하나님의 통치를 계속 대행하는 "주" 예수 그리스도
  6. 하나의 복음을 다양하게, 그리하여 포괄적으로 선포하기

결론과 초대 211

　　이 책은 2001년 12월 대구와 부산에서 개최된 두란노 성경대학에서 행한 필자의 강의에서 시작되었습니다. 그때 녹음된 강의를 주종훈 목사님께서 글로 옮겼고, 이를 기초로 필자가 다시 집필하였습니다. 원래 평신도들을 위한 강의였기 때문에 너무 길지 않게, 평신도들도 잘 이해 할 수 있도록 평이하게 쓰려고 노력하였지만, 좀더 시간을 들여 완벽을 기하지 못하였음을 아쉽게 생각합니다. 여러 가지 부족함이 많지만, 아직 신자가 아닌 분들이나 자신들의 믿는 바를 좀더 확실히 알고자 하는 그리스도인들에게 이 책이 예수 그리스도의 복음을 더 잘 이해할 수 있도록 도울 수 있기를 바랍니다.

　　아울러 성경 본문을 인용함에 있어 가끔 좀더 정확한 뜻을 전달하기 위해 필자가 원문에서 직접 번역하였음을 밝혀

둡니다.

당시 이 강의를 준비해 주신 두란노 성경대학의 김혜기 전도사님에게 특별히 감사를 표하고자 합니다. 또한 강의 기간 중 필자를 융숭하게 대접해준 대구와 부산의 여러 성도님들에게도 감사를 드립니다. 이 책의 출판을 강력히 권고해 주신 김태석 목사님, 초고를 준비해 주신 주종훈 목사님, 그리고 출판 실무를 담당해 주신 박삼열 목사님과 두란노 서원의 여러 동역자들에게도 감사를 드립니다.

2003년 봄
미국 파사데나에서
김세윤

1. 복음을 필요로 하는 새로운 시대

복음에 대한 올바른 이해는 그리스도인의 삶에 있어서 가장 기본적인 것입니다. 교회를 오래 다녀도 복음이 무엇인지, 그 복음이 약속한 구원이 무엇인지를 모르거나 또는 그 한 측면만을 왜곡된 채로 이해하며 신앙생활을 하는 사람들이 많습니다. 그리하여 그들은 복음이 가져다주는 구원의 소망과 실재를 제대로 누리지 못하며, 올바른 기독교적 세계관과 가치관 및 윤리를 정립하지 못하여, 결국 그들의 좋은 의도에도 불구하고 올바른 제자도의 삶을 살지 못하고 맙니다.

한국의 그리스도인들이 복음을 확실히 이해하고 그 복음

에 합당하게 사는 것이 절실히 필요한 이유는 또 있습니다. 한국 교회는 세계 교회와 인류를 위해 해야 할 큰 사명을 지니고 있습니다. 한국 교회는 자기 교회, 자기 교단, 그리고 국내의 복음 사업만 생각하지 말고, 구원사적으로 그리고 문명사적으로 전 세계와 그 안에서 기독교의 현 위치를 살펴보며, 전 세계적인 선교 사명을 더 넓고 깊이 있게 깨닫고 실행해야 합니다.

필자는 튀빙겐이라는 독일의 작은 중세 대학도시에서 1970년대부터 여러 차례 살면서 공부했었습니다. 1999년 가을 그곳에 다시 갔을 때, 그곳은 여러 면에서 25년 전과는 매우 다른 모습을 보이는 도시가 되어 있었습니다. 머리와 얼굴 일부를 가린 모슬렘 여자들이 거리에 상당수 눈에 띄는 것이 그 중에서도 가장 인상적이었습니다. 이것은 1997년 여름, 필자가 20년 만에 방문했던 영국에서의 충격을 다시 떠오르게 했습니다. 그 당시 영국은 기독교가 위축되어 상당수의 교회 건물들이 창고로 개조되기도 하고, 마을의 박물관으로 심지어는 이슬람 사원으로 변화되어 있었습니다. 이제 유럽 교회들의 약화는 극에 달하고, 물신주의적, 세속주의적 향락 문화로 사회가 계속 퇴폐해가는 상황이 벌어지고 있음이 유럽 도처에서 발견되고 있습니다.

이런 상황에서 중동을 중심으로 하여 대서양에 접한 북부 아프리카에서 태평양에 접한 말레이시아와 인도네시아까지 1970년대 말에 벌어진 이란의 호메니 혁명이 계속 그 여파를 일으키고 있는 것입니다. 이스라엘의 팔레스타인 사람들에 대한 잔인한 억압 정책과 그것을 일방적으로 지원하는 미국의 대 아랍권 정책은 일부 팔레스타인 사람들과 다른 아랍 사람들로 하여금 자살 특공대 또는 이슬람교의 "성전" 전사가 되게 하여 온 세상을 상대로 테러 행위를 저지르게 하고, 전 아랍권 내지는 모슬렘권 민족들을 이슬람 민족주의로 무장시켜 이른바 기독교적 서방 세계에 대항하게 하고 있습니다. 이민의 시대인 오늘날 모슬렘 인구는 전통적인 모슬렘 지역에만 사는 게 아니고, 유럽과 북미주 등에 대거 이주해 곳곳에 모스크를 세우고 이슬람식 신앙생활을 하고 있다. 이것이 급속히 탈 기독교의 길을 가는 유럽에서 두드러지는 종교 현상으로 눈에 띄게 된 것입니다. 이렇게 이슬람 혁명은 구미까지 퍼져, 심지어 독일에 한 세대 이상 살았던 이름뿐이던 모슬렘 터키인들까지도 독실한 이슬람 신앙으로 회귀하는 현상을 보게 됩니다.

그러나 이슬람 사회의 여성들의 삶을 보십시오. 그리고 그들의 독재 체제들을 보십시오. 아프가니스탄의 탈레반들은 분명 너무나 극단적이었습니다. 그러나 이 점에서 정도의 차이가 아닌 근본적인 차이를 보이는 다른 이슬람 나라가 있습니까? 종교의 이름으로 여성들을 위시한 다수 시민들의 인권을 근본적으로 부정하는 이슬람 문명이 오늘날 전 세계적으로 확산되고 강화되어 가고 있는 것입니다.

1999년 가을 필자가 독일로 가는 비행기에서 독일의 한 신문을 읽은 적이 있습니다. 거기에 인도 남부의 한 주에서 힌두교 광신자들이 가톨릭 신부를 때려서 죽인 사건에 대한 분석 기사가 길게 실려 있었습니다. 그 기사에는 그 사건이 일어나기 6개월 전 호주에서 온 침례교 선교사 가족의 집을 새벽에 불태워 그 가족 전체를 죽인 끔찍한 일이 일어났던 곳이었다고 기록되어 있었습니다. 힌두교 광신자들은 개신교든 가톨릭이든 기독교 선교를 훼방하고 기독교도들을 핍박합니다. 그런데도 현재의 인도 정권은 이런 일들을 제대로 막지 않고 있습니다. 이것은 힌두교를 민족주의의 이름으로 부활시키고, 힌두 문명을 재생시키려는 정책을 가진 자나타 당이 인도에서 정권을 잡고 있기 때문입니다. 이런 힌두교 당이 인구가 10억이 넘는, 곧 중국의 13억을 능가하여 전 세계에서 가장 큰 인구 대국이 될 인도인들에게 다수의 지지를 받고 있는 이유는 무엇입니까? 그리고 그들은 왜 기독교를 반대합니까? 앞에 언급한 기사를 쓴 독일의 여기자는 여러 이유들에 대해 토론하고는 자신이 인터뷰한 힌두교 광신자들이 한 말을 인용하면서 그것을 궁극적인 이유라고 언급했습니다: "인도에서 기독교 선교가 계속 되면 누가 우리의 논과 밭을 갈 것인가?" 기독교 선교가 인도 땅에서 낮은 계급의 사람들에게 새로운 신념과 세계관을 갖게 하고, 글을 가르치고 기술을 익혀 경제적으로 더 나은 삶을 하게 함으로써, 그들이 더 이상 높은 신분의 사람들의 경작지나 갈면서 일생을 노예같이 살지 않아도 되게 한다는 것입니다. 힌두교의 카스트제도에 따라 지주요 자본가들인 높은 카스트의 사람들은 종교의 이름으로 3억 이상을 "불가촉인"들로 규정하고, 그들을 자신들을 섬기는 노예 상태에 계속 묶어 두려는데, 그리스도의 복음이 해방의 복음으로서 그들의 인권을 회복시키고 그들의 실질적 신분을 상승시키자 그것을 막으려하는 것입니다.

오늘날 이렇게 세계의 한쪽에서는 신의 이름으로 여성을 굴종시키는 이슬람 혁명이 계속 세력을 얻어가고, 다른 한쪽에서는 종교의 이름으로 수억명을 노예화하는 힌두교의 복고주의가 인구 증가와 함께 역시 계속 세력을 얻어가고 있습니다. 이런 상황에서 기독교 문명의 주체 역할을 해왔던 서양 교회는 날로 약화되어 가고 있습니다. 한국 교회는 바로 이런 상황에 직면해있습니다. 한국 교회는 전 세계에서 미국 교회 다음으로 힘을 부여받은 교회입니다. 신학도들의 수, 파송되는 선교사들의 수, 주일 예배에 참여하는 성도들의 수, 재정의 규모, 그리고 기도의 열정 등 모든 면에서 말입니다. 그만큼 한국 교회가 하나님의 구원 경륜 가운데 전 세계를 위해 맡은 책임이 큰 것입니다. 한국 교회는 온 세계에 복음을 선포하여 옳지 않은 종교들의 속박 속에서 신음하는 사람들과 맘몬 우상숭배가 초래하는 비인간화로 인해 시달리는 사람들, 즉 온 인류를 구출하는 세계 교회의 선교사업에 있어서 큰 역할을 부여받은 것입니다.

한국 교회가 온 세계에 대한 책임을 제대로 이루기 위해서는 먼저 한국 내에서 그 책임을 다해야 합니다. 길게 말할 것 없이, 한국 교회는 이 민족의 화해와 통일을 이루고, 이 땅에 자유와 정의와 평화를 실현해야 하는 사명을 가지고 있습니다. 한국 교회가 민족 복음화를 이루어 이 민족이 하나님의 다스리심을 받도록 하고, 그리하여 이 땅에 하나님 나라의 샬롬이 나타나서 동서 화해와 남북 화해가 이루어지고, 모든 사람들의 인권들이 존중되고, 사회적, 경제적 정의가 꽃피게 해야 합니다. 그랬을 때 한국 교회는 종교의 이름으로 여자들을 굴종시키고, 약한 자들을 억압하고 착취하는 우상숭배의 집단들을 제어하며, 그런 체제에서 고난 받는 사람들에게 해방과 구원의 횃불을 높이 들 수가 있는 것입니다.

지금 한국 교회는 이런 일을 감당할 위치에 있습니까? 한국 기독교 역사 120년 동안 이 땅에서 주 예수 그리스도의 복음이 약속하는 구원은 상당한 현재적 실현을 이루었습니다. 한 예로 지금 교회에서 같이 앉아 예배드리는 여자들을 보십시오. 누구의 은혜로 이것이 가능하게 되었습니까? 우리나라의 경우 5, 60년 전만 해도 여자들이 자유로이 외출하고 남자들과 동석하는 것은 쉬운 일이 아니었습니다. 여자들은 기껏해야 밤중에 마을에 나가보는 정도였습니다. 그런데 우리 주 예수 그리스도의 은혜로 지금의 모습, 즉 해방과 자유를 얻게 된 것입니다. 이 땅에서 반상(양반과 상놈)의 차별을 없애고 인권의식을 보편화하고, 시민의 자유와 정의를 앙양하는 민주주의를 발전시킨 것도 나는 근본적으로 그리스도의 복음의 혜택으로 봅니다.

그렇습니다. 그리스도의 복음은 해방의 복음입니다. 사도 바울은 그리스도 안에서 이루어진 하나님의 나라 혹은 새 창조에서는 옛 창조의 전형적인 세 가지의 차별적 구분들이 다 해소되었다고 선언합니다. 즉 유대인과 이방인간의 인종적 그리고 구원사적 구분, 남자와 여자간의 성적 구분, 그리고 상전과 노예간의 사회 신분적 구분이 해소되었다는 것입니다(갈 3:28). 그리스도 안에서의 새 창조의 질서를 표현해야 되는 교회 안에서는 이런 신분적, 성적, 인종적 구분에 의한 차별이 없어야 하고, 교회는 사회가 그리스도를 믿고 하나님의 통치를 받아 이런 차별이 가져오는 불의와 억압을 없애도록 해야 합니다. 그러기에 복음이 올바로 선포되는 곳에는 항상 노예와 여성이 해방되고 약한 자들과 가난한 자들의 인권이 증진됩니다. 그러기에 역사적으로 하나님 나라의 복음이 제대로 선포되는 곳에는 항상 노예와 여자들이 해방되고, 가난하고 억압받는 자들의 인권이 증진되었습니다. 인권 의식이 전 세계에 공유되는 가치로 부상하게 된 것은 그리스도의 복음의 구원이 현실화된 결과입니다. 그것은 하나님의 은혜이며 기독교 문명이 세상에 주는 선물입니다. 그러나 그리스도의 복음이 왜곡되고 잘못 선포되었을 때에는 도리어 정의 대신 불의가, 해방 대신 억압이, 화해 대신 갈등이 드러나곤 했습니다. 그러기에 그리스도의 복음을 옳게 이해하고 옳게 선포하는 것이 절실합니다.

우리 한국 그리스도인들은 종종 그리스도의 복음을 단순히 내세에서 우리 영혼의 안녕을 보장하는 것 정도로, 또는 현세의 물질적 축복을 약속하는 것 정도로만 이해하곤 합니다. 이로 인해 초래되는 것은 한국 교회가 그 "복음" 선포를 통해 하나님의 샬롬을 이 땅에 충분히 이루지 못한다는 것입니다. 그리하여 여성 해방, 반상 철폐, 인권 증진 등에 근본적인 공헌을 한 한국 교회가 이제는 복음에 역행하여 도리어 억압, 분열, 갈등을 조장하는 모습을 보이기도 합니다. 한국 교회가 그동안 기복신앙에 빠지고 축복이라는 이름 아래 사실상 맘몬 우상 숭배를 조장하여 온 면이 있으며, 군사 독재 시절 불의한 권력과 재력 편에 붙어, 억압받던 약자들에게 등을 돌리기도 했고, 지역감정을 조장하여 대립과 갈등을 증대했으며, 또한 가부장적 리더십과 여성 굴종주의를 엉터리 성경 해석으로 정당화하여 유교 도덕의 마지막 보루가 되기도 했습니다.

이러한 왜곡과 오류를 바로잡기 위해서는 근본적으로 그리스도의 복음에 대한 올바른 이해와 선포가 가장 긴요합니다. 그럴 때 비로소 한국 교회는 기독교 문명 창달의 역할을 포기해가는 서양 교회를 대신하여 이 땅에 그리고 온 세계에 하나님의 의와 샬롬을 구현해가는 일을 담당해 나갈 수 있을 것입니다.

2. 문제: 예수의 복음과 사도들의 복음

복음 이해를 보다 명확하게 하기 위해서 먼저 하나의 문제로부터 시작하고자 합니다. 우선 마가복음 1:14-15을 보면, "요한이 잡힌 후 예수께서 갈릴리에 오셔서 **하나님의 복음**을 전파하여 가라사대 때가 찼고 **하나님 나라**가 가까웠으니 회개하고 복음을 믿으라 하시더라"고 기록되어 있습니다. 이것이 바로 마가가 요약한 예수의 복음입니다. 그것은 **하나님의 복음**으로서 **하나님의 구원 통치**가 임박했다는 기쁜 소식입니다. 창조주 하나님이 온 세상을 다스리심으로써 이루어 낼 구원에 관한 좋은 소식입니다. 예수는 바로 이 **하나님의 복음** 곧 **하나님 나라의 복음**을 선포했습니다. 공관복음서들(마태복음; 마가복음; 누가복음)은 바로 이 내용을 공통적으로 강조합니다.

한편 사도 바울은 고린도전서 15:1-11에서 사도들이 선포하는 복음을 요약합니다. 그것은 한 마디로 "**그리스도의 죽음과 부활의 복음**"입니다. 바울은 이 복음을 먼저 자신이 고린도에 처음 당도하여 선포했던 복음이라고 상기시키고, 고린도의 그리스도인들이 이 복음을 받고 믿어 그 복음이 제공하는 구원을 얻은 것이라고 설명합니다: "형제들아 내가 너희에게 전한 복음을 너희로 알게 하노니, 이는 너희가 받은 것이요 또 그 가운데 선 것이라. 너희가 만일 나의 전한 그 말을 굳게 지키고 헛되이 믿지 아니하였으면 이로 말미암아 구원을 얻으리라"(1-2절). 바울은 이어서 "내가 받은 것을 먼저 너희에게 전하였다"(3절 상)라고 말하는데,

여기서 "받고, 전함"은 당시 유대교에서 전승을 신실하게 전달하는 과정을 뜻하는 전문어입니다. 그러므로 바울은 이 복음을 자기보다 먼저 사도된 자들로부터 신실하게 받아서 고린도인들에게 신실히 전달한 것으로 밝히고 있는 것입니다.

이런 서문을 단 후 바울은 복음을 네 마디(헬라어 4개의 구절들)로 요약합니다(3절 하-5절):

a) 그리스도가 우리 죄를 위해서 성경대로 죽었다는 것(3절 하).

b) 그리고 그가 장사되었다는 것(4절 상).

c) 그리고 그가 사흘 만에 성경대로 일으켜졌다는 것(4절 하).

d) 그리고 그가 게바(베드로의 아람어 이름)에게 나타났다(보여졌다)는 것(5절).

이 복음을 고린도 교인들에게 상기시키는 이유는 그들 가운데 부활을 부인하는 자들이 있었기 때문입니다(15:12). 그래서 바울은 이 복음의 요약 끝에 부활하신 그리스도의 나타나심에 관한 자기가 아는 사건들을 덧붙입니다(5절 하-7절): 부활하신 그리스도는 게바에게 나타난 후 "열둘"(예수께서 옛 하나님의 백성 이스라엘의 12지파에 상응하여 새 하나님 백성의 상징이 되도록 세운 12제자들에 대한 전문언어)에게 나타났고, 500여 "형제들"에게도 한꺼번에 나타났다(바울은 여기서 그리스도를 본 이 500여 형제들 중 더러는 죽었으나 지금도 태반이 살아있다고 괄호 안에 덧붙입니다. 6절 하). 그리고는 이어서 부활하신 그리스도가 "야고보와 그 후 모든 사도들"에게 나타났다고 말하고(7절), "마지막으로" 바울 자신에게도 나타났다고 말합니다(8절). 이 대목에 이르러 바울은 교회의 핍박자로서 사도로서의 자격이 전혀 없었던 자신에게 다메섹 도상에서 부활하신 그리스도가 나타나셔서 자신을 사도로 소명하신 은혜의 체험을 말하고(참조 고전 9:1; 갈 1:11-17), 그 은혜에 힘입어 자신이 누구보다도 더 열심히 사도직을 감당했음을 덧붙입니다(9-10절). 그리고는 11절에서 "내나 저희나 이같이 선포하고 너희도 이같이 믿었느니라"라고 매듭짓습니다. 여기서 "나"는 "바울"을 말하고, "저희"는 "12사도와 500여 형제 및 야고보와 모든 사도들"을 말합니다. 이들 모두가 앞서 3절 후반에서 5절까지에 요약한 복음을 선포하고, 세계의 모든 교회와 함께 고린도의 교회도 그 복음을 믿는다는 것입니다. 그러므로 고린도전서 15:3 하-5의 네 구절은 기독교 최초의 "에큐메니칼"(ecumenical) 신앙고백이요 복음이라 말할 수 있습니다. 그 후 교회는 지난 2000년의 역사 가운데 많은 신앙 고백들을 만들었는데, 그 가운데 지금 동방 교회와 서방 교회를 막론하고 모든 기독교 분파들이 공히 고백하는 진정으로 "에큐메니칼" 신앙고백은 이른바 "사도신경" 단 하나뿐입니다. 바울은 그보다 먼저 이루어진 진정한 사도적 "에큐메니칼" 신앙고백으로 고린도전서 15:3 하-5의 네 구절을 천명하고 있습니다.

이 네 구절들을 자세히 보면, 그것은 제1구절과 제3구절이 중심으로 되어 있고, 제2구절과 제4구절은 각각 앞서가는 제1구절과 제3구절의 내용을 확인하는 종속적 기능을 가지고 있음을 알 수 있습니다. 그리스도의 죽음은 그의 땅에 묻힘으로 확인되고, 그의 부활은 게바에게 나타남으로 확인되었습니다. 그러므로 복음의 핵심은 그리스도의 죽음과 그의 부활(하나님의 행위를 서술하는 수동형에 유의: 하나님께서 그를 죽은 자들 가운데서 일으킴)에 있습니다. 이 구원의 사건들은 구약 성경에 하나님께서 선지자들을 통해 약속하신 것들이었습니다. 그러기에 제1구절과 제3구절에 "성경대로"라는 말을 덧붙여 이 사건들이 구약 성경의 예언을 성취한 하나님의 구원 사건임을 밝히는 것입니다.

결국 복음을 요약하면 그리스도의 죽음과 부활이라고 할 수 있습니다. 그런데 이 중에서도 그리스도의 죽음이 더 핵심적인 사건입니다. 왜냐하면 그것이 "우리의 죄를 위한", 곧 우리의 죄 문제를 해결하는 구원의 사건이기 때문입니다. 그리고 그리스도의 죽음이 우리에게 구원을 가져온 사건임을 확인하는 것이 바로 그의 부활입니다. 부활은 하나님의 사건, 곧 신적(神的) 사건입니다. 생명이 없는 상태(죽음)에서 생명을 일으킨 사건이므로, 그것은 어떤 자연 현상이 아니라, 오로지 창조주가 생명을 빚은 사건입니다. 그러므로 십자가에 못 박혀 죽어서 장사된 예수 그리스도가 게바와 다른 사도들에게 살아 나타났다는 것은 창조주 하나님께서 그를 죽음에서 일으킨 것을 말합니다. 하나님께서 그를 죽음에서 일으켰다는 것은 그를 그리스도(메시아, 곧 종말의 구원자)로 확인하는 것이며, 그의 죽음이 "우리의 죄를 위한", 곧 우리의 구원을 위한 죽음이었음을 확인한 것입니다. 이와 같이 그리스도의 죽음과 부활은 서로 뗄 수 없는 관계에 있습니다. 두 사건이 함께 우리를 위한 하나님의 하나의 구원 사건을 구성하는 것입니다.

그럼에도 불구하고 고린도전서 15:3 하 구절은 엄격히 말하면, 하나님의 구원 사건의 초점이 그리스도의 죽음임을 잘 보여 줍니다. 그래서 바울은 복음을 자주 그리스도의 죽음과 부활로 요약하면서도(예: 롬 4:25; 6:3-5; 8:34; 살전 4:14), 그리스도의 죽음이라는 한 마디로 요약하기도 합니다(예: 롬 3:24-26; 5:6; 8:3-4, 32; 고전 5:7; 11:23-26;

고후 5:14, 21; 갈 1:4; 2:20-22; 3:1, 13; 살전 5:9-10). 고린도전서 1:18-25에서 바울은 복음을 "십자가의 말씀"이라고 정의하고, 그것은 지혜를 추구하는 헬라인들에게는 어리석은 것이요 하나님의 이적을 추구하는 유대인들에게는 거침돌 되는 것이로되, 믿는 자들에게는 하나님의 구원을 가져다주는 지혜요 능력이라고 설파합니다. 그러기에 바울이 고린도에 처음 당도하여 복음을 선포할 때 "그리스도의 십자가 외에는 아무 것도" 선포하지 않기로 했다고 합니다(고전 2:1-2).

이와 같이 바울은 다른 사도들과 함께 그리스도의 죽음과 부활의 복음을 선포하되 우리의 죄를 위한 그리스도의 십자가에서의 죽음에 더 무게를 실어 선포했습니다. 마가와 마태도 마찬가지입니다. 요한복음은 그리스도의 십자가에 달려 들어올려짐을 우리의 구원을 위한 하나님 사랑의 계시(요 3:16), 곧 하나님의 본질 계시로서 하나님이 영광 받으시고, 예수 그리스도가 하나님의 아들로서 영광 받은 사건으로 설명함으로써(예: 요 17:1-5), 그리스도의 십자가에서의 죽음에 그의 부활과 높임 받음을 흡수시킵니다. 반면, 누가는 누가복음과 사도행전에서 그리스도가 부활되어 승천하심은 시편 110:1의 예언에 따라 하나님 우편에 높임 받아 하나님의 대권자(代權者)가 되셨다는 것, 즉 그리스도가 지금 하나님의 구원 통치를 대행하시고 있다는 점에 그의 복음 선포의 초점을 맞춥니다. 히브리서는 그리스도의 죽음과 높임 받음(부활-승천)을 함께 강조하는데, 그리스도가 우리의 죄를 씻고 우리를 하나님의 의로운 백성 되게 한 새 언약의 제사로 자신을 바치신 대제사장 역할을 했으며, 하나님 우편에 높임 받아 현재도 우리를 위해 중보 기도하는 대제사장 노릇을 하시고 있다고 말합니다. 그리스도의 죽음과 부활을 함께 강조하는 것은 요한계시록도 마찬가지입니다.

이렇게 사도들은 그리스도의 죽음과 부활을 "복음"(euangelion)으로 선포합니다. 그리스도의 죽음과 부활이 바로 창조주 하나님의 우리를 위한 구원의 사건이라는 것입니다. 그러므로 그것을 선포하는 것이 구원의 소식, 곧 기쁜 소식, 좋은 소식입니다. 헬라인들이나 로마인들은 황제의 등극이나 전쟁에서의 승리 소식을 '유앙겔리온(euangelion)'이라고 했습니다. 그래서 그 말은 보통 복수("복음들")로 사용되었습니다. 초대 교회 그리스도인들은 이 어휘를 빌려 쓰되, 그 속에 새로운 내용(즉 예수 그리스도의 사건)을 집어넣고 단수로만 사용했습니다. 예수의 죽음과 부활에서 일어난 우리를 위한 하나님의 구원 사건, 하나님이 예수를 죽은 자들 가운데서 부활시켜 확인한 그 구원의 사건이 진정한 "복음"이라고 한 것입니다. 그것만이 진정으로 복된 소식이라는 것입니다.

여기서 문제가 하나 발생합니다. 즉 예수는 **하나님 나라의 복음**을 선포했는데, 그의 사도들은 **그리스도의 죽음과 부활**이라는 복음을 선포했다는 것입니다. "하나님 나라"(또는 마태복음에서는 "하늘나라")가 흔히 되풀이되어 나오는 공관복음들을 읽다가 사도행전에 가면 거기 나오는 사도들의 복음 선포 요약들에 그 단어는 드물어지고, 대신 예수 그리스도의 죽음과 부활이 자주 선포되는 것을 발견합니다. 사도행전을 넘어서서 서신들에 가면 더욱 그렇습니다. 바울 서신들에 "하나님 나라"란 용어는 단지 8회만 나옵니다. 반면 아까 본 바와 같이 바울은 복음을 말할 때마다 수없이 그리스도의 죽음과 부활을 되풀이하여 말합니다.

바로 여기서 신학적으로 큰 문제가 발생합니다. 왜 예수의 추종자들인 사도들은 예수의 "하나님 나라"의 복음을 되풀이하지 않고 "그리스도의 죽음과 부활"의 복음을 선포하였는가 하는 것입니다. 사도들의 "그리스도의 죽음과 부활"의 복음은 예수의 "하나님 나라"의 복음과 별개의 복음입니까, 아니면 그들이 서로 어떻게 연결되어 있는 것입니까? 어떻게 (하나님 나라의) **선포자**(예수)가 (종말의 구원자로) **선포되는 자**(예수 그리스도)가 된 것입니까?

19세기 말 당시 깊은 이해가 부족했던 종교사적 연구에 근거한 일부 자유주의 신학자들은 예수는 하나님의 아버지 되심과 그의 구원의 통치를 선포했는데, 바울이 헬라의 신비종교들과 영지주의의 영향 아래 그리스도의 부활과 죽음을 통한 구원을 선포함으로써 전혀 새로운 종교와 신학을 창시한 것으로 보았습니다. 그래서 바울이 예수와는 상관없이 역사적 기독교의 진정한 창시자라는 견해가 널리 받아들여졌습니다. 이런 19세기 식 자유주의 신학은 최근의 이른바 "역사적 예수 탐구"에서도 많이 전제되고 있으며, 지금 선정성을 좇는 미디어를 동원하여 책장사를 열심히 하는 미국의 이른바 "예수 세미나"의 멤버들 등 몇몇 과격파 저자들에 의해 일반 대중들에게까지 유포되고 있습니다. "역사적 예수" 연구의 전문가를 자처하는 일부 학자들이 제시하는 이 역설적으로 아주 비역사적인 견해는 우리가 여기 상정한 문제의 진정한 해결이 될 수 없습니다.

우리는 여기서 예수의 "하나님 나라"의 복음과 사도들의 "예수 그리스도의 죽음과 부활"의 복음이 상호 어떤 관계에 있는가를 규명하는 형식을 취하여 "복음"이 무엇인가를 설명하고자 합니다. 이것은 먼저 예수가 선포한 "하나님 나라"의 복음이 무엇인가를 살펴보고, 그것이 어떻게 사도들이 선포한 그리스도의 죽음과 부활로 연결되는가를 알아보는 것입니다. 다시 말하면, 왜 사도들은 더 이상 예수의 "하나님 나라"의 언어를 되풀이하지 않고 "예수 그리스도의 죽음과 부활"을 구원의 사건으로 선포할 수밖에 없었는가에 대한 답변을 찾아봄으로써 복음이란 무엇인가의 문제를 해결하려는 것입니다.

1부
예수의 하나님 나라의 복음

20세기 중반까지는 예수의 하나님 나라 선포가 주로 종말론적 관점에서 연구되었습니다. 예수께서 하나님 나라가 언제 임한다고 보았는가, 즉 "이 세대"를 종결하고 "오는 세대"를 여는 종말이 언제 임한다고 보았는가 하는 것이 주된 관심의 대상이었습니다. "하나님 나라가 미래에 임하는 것인가", 아니면 "예수 그리스도를 통해서 이미 왔고 이루어졌는가"의 문제를 많이 토론했습니다. 그래서 지금도 '예수의 하나님 나라 선포' 하면 이 문제만을 떠올리는 사람들이 있습니다. 그러나 지금은 종말론적 관점보다 기독론적 관점에서의 연구가 더 활발하게 이루어지고 있습니다. 즉 예수가 하나님 나라를 선포할 때 자신을 그 하나님 나라와 어떤 관계 속에서 보았는가 하는 것이 주된 질문이 되었습니다. 예수는 자신을 어떻게 이해하였고 무엇을 이루려 하였는가, 곧 무슨 목적을 가지고 있었는지 등의 기독론적 질문들이 주된 관심사입니다.

Chapter 1
하나님 나라의 이해를 위한 배경과 전제

1. 구약과 유대교적 배경

우선 "하나님의 나라" 혹은 "하늘나라"(마태복음 판)라는 말은 고정된 표현으로서는 복음서들에 흔히 나오고, 복음서 용어의 영향을 받은 기독교 문서들에만 종종 등장합니다. 반면 이 표현은 구약에는 나오지 않고 유대 문서에도 거의 나오지 않습니다. 그러나 내용적으로 보면 하나님의 나라라는 개념은 구약과 유대교에 존재하고 있던 개념으로 봐야 합니다. 하나님이 '왕'(41번)으로서 이스라엘을 다스리시고 온 땅을 다스리신다는 사상은 구약과 유대교의 한 중심사상입니다. 유대인들은 하나님이 다스리시는 곳에 의와 평화, 자유와 풍요가 있다고 믿었습니다. 구약에는 하나님은 "왕이시다"라는 명사적 표현과 하나님이 "다스리시다"라는 동사적 표현이 자주 나옵니다. 이따금 '그의 나라' 라는 말이 나오기도 합니다. 특히 다니엘 2장과 7장은 예수의 하나님 나라 선포에 매우 중요한 배경을 제공합니다. 이와 같이 예수의 하나님 나라 선포는 내용적으로 구약과 유대교에 배경을 두고 있습니다.

2. 예수의 하나님 나라 선포에 있어서 네 가지 전제들

가. 창조사상

예수의 하나님 나라 선포의 첫 번째 전제는 구약의 창조사상입니다. 하나님이 "하늘과 땅"을 지으셨습니다(창 1:1). 히브리인들의 세계관에 따르면 우주는 하늘과 땅, 이렇게 두 부분으로 되어있습니다. 그러므로 하나님은 우주의 창조자로서 온 우주의 통치자, 곧 왕이십니다.

하나님은 창조하신 후에 하늘을 자신의 거처지로 삼고 땅에 아담을 자신의 대리자로 세우셨습니다. 하나님이 아담(인간)을 자신의 "형상"으로 지었다(창 1:26, 28)는 것은 가장 기본적으로 하나님이 인간을 자신의 "대리자"로 세웠다는 뜻입니다. 하나님이 "하늘과 땅"을 지으셔서 "하늘과 땅" 전체의 왕이시고 주이신데, 하늘에 거처하시는 하나님께서 땅에 자신의 대리자인 아담을 세우셔서 그로 하여금 땅을 통치하게 하셨다는 것입니다(창 1:28). 그러므로 아담(인간)은 하나님의 부왕(副王; viceroy, vicegerent)입니다. 아담은 땅 위에서 하나님의 뜻을 받들어 하나님의 통치를 대행하는 부왕입니다.

나. 타락 사상

예수의 하나님 나라 선포의 두 번째 전제는 구약의 타락 사상입니다. 타락의 핵심은 하나님의 부왕인 아담이 하나님의 통치를 거부한 것입니다. 아담이 스스로 하나님의 통치를 받지 않고 땅을 통치하려 하므로 땅 위에 하나님의 통치가 이루어지지 않게 되었습니다. 이것은 사단의 속임수로 일어난 것입니다. 사단은 아담에게 하나님의 명령(통치)을 거슬러 선악과를 먹음으로써 "하나님같이 되라"고 충동질했습니다(창 3:5). 사단은 아담에게 자기 스스로 하나님같이 되도록 아담의 자기주장 의지를 충동했습니다. 아담은 선악과를 먹지 말라는 하나님의 말씀은 거부하고, 그것을 먹으라는 사단의 말에는 순종했습니다. 그 결과 아담은 하나님같이 된 것이 아니라, 하나님의 통치에서 벗어나 도리어 사단의 통치 아래로 굴러 떨어진 것입니다.

사단의 속임수에 빠져 아담(인간)은 더 이상 하나님의 통치를 받는 것, 즉 하나님께 의존하고 순종하는 것을 거부하고 자기가 곧 하나님이라고 생각하게 된 것입니다. 스스로 신이라고 생각하고 자신의 힘으로 자신의 생명을 확보하려 하게 된 것입니다. 이것을 신학적 용어로 "교만"(*hybris*)이라고 합니다. 창조주에게 의존/순종하지 않고, 스스로 하나님이 되어 자신의 삶을 주관하고, 자신의 내재적 자원으로 자신의 안녕과 행복을 확보하려는 이 교만은 아담(인간)이 자신의 창조주에게 등을 돌리는 행위요 그와의 관계를 단절하는 행위였습니다.

신학은 이것을 "죄"라고 합니다. 하나님같이 되고자 하는 것이 바로 죄의 본질입니다. 즉 하나님께 대항하며 스스로 하나님이라고 자기를 주장함이 죄의 본질입니다. 이 죄는 아담(인간)을 사단의 약속대로 하나님같이 되게 한, 즉 신격화되도록 한 것이 아니라, 도리어 비인간화하게 하고, 사단의 종으로 타락하게 했습니다. 창조주 하나님께 의존하지 않고 자기 자신이 자신에게 하나님 노릇하려 하므로, 즉 인간이 자신 안에 내재하는 자원으로 자신의 삶을 확보하겠다는 것이므로, 결국 인간은 자신의 내재의 자원에 스스로 갇

히게 된 것입니다(참조 롬 1:24, 26, 28). 창조주 하나님의 무한한 자원을 덕 입기를 거부하고, 자신 안에 내재하는 유한한 자원으로 살기로 한 것입니다. 창조주와 피조물의 관계에서 피조물은 창조주에게 의지하고 순종하게 되어있는데(이것이 올바른 관계, 즉 성경적인 전문언어로 "의"임), 이것이 끊어짐으로 말미암아 올바른(원만한) 관계("의")가 갈등의 관계("불의")로 변하게 되었습니다. 결국 하나님같이 되고자 하는 인간의 자기주장은 인간을 역설적으로 사단의 통치 아래로 전락하게 하고, 하나님이 원래 창조 때 부여하셨던 인간성을 상실하여 비인간화하게 하는 것입니다.

인간의 내재 자원은 유한합니다. 피조물적 유한성을 지닙니다. 장소적으로, 시간적으로 제한되고, 지혜와 능력 그리고 사랑 등 모든 자원에서 제한된 존재로서 살게 된 것입니다. 이 제한성은 곧 결핍성을 말합니다. 이러한 자원들의 결핍에서 모든 형태의 고난이 나오는 것입니다. 인간은 영원하지도 무소부재하지도 않은 존재입니다. 인간은 시간 속의 존재이기 때문에 변화에 속박되어 있고, 그러기에 늙고, 쇠약해지고, 병들고, 죽는 것입니다. 또한 장소적 제약 속에 갇혀 있기에 부자유합니다. 아울러 지혜와 능력이 부족해서 불안하고 모든 문제들 속에 빠집니다. 사랑이 부족하기에 갈등이 있습니다. 이렇게 불안, 병고, 압제, 빈곤, 갈등, 죽음 등 모든 형태의 고난이 결국 인간의 유한성 곧 결핍성에서 비롯됩니다. 인간이 창조주 하나님의 부요함을 덕 입지 않고 스스로 자신에게 하나님 노릇하려 하는, 곧 스스로의 자원으로 자신의 삶을 확보하려는 시도가 가져오는 비극인 것입니다. 그러므로 하나님의 말씀(통치)을 거부하고 자신의 말을 들어 선악과를 먹으면 아담(인간)이 스스로 하나님같이 된다는 사단의 말은 속임수였습니다. 하나님의 통치를 거부하고 사단의 통치를 받은 결과 인간은 하나님같이 되고 생명을 확보한 것이 아니라, 도리어 비인간화하고 고난에 빠지게 된 것입니다.

고난은 죽음의 증상입니다. 실존의 모든 형태의 고난은 죽음의 증상들입니다. 생명의 근원인 창조주로부터 격리된 결과로 죽음이라는 병에 걸리게 된 것입니다.

여기서 우리는 성경적 언어들에 대한 올바른 이해를 얻는 것이 긴요합니다. 이것은 그리스도의 복음 또는 성경의 구원론 이해에 있어서 너무도 필수적인 것이어서 필자는 앞서 출간한 서너 권의 책들에서 이것을 되풀이하여 설명했습니다. 그럼에도 또 다시 설명하는 것은 그만큼 중요하기 때문입니다. 그 책들을 읽으신 독자들은 필자가 이 점을 여기서 또다시 설명하는 것을 양해해 주시기 바랍니다.

성경은 인간이 죄로 말미암아 죽음의 상태에 있는 것으로 말합니다. 동시에 성경은 인간을 살아 있는 것으로도 말합니다. 이것을 어떻게 이해해야 하겠습니까? 성경의 이런 언어들을 두고, 보통 '육신적으로는 살아 있으나 영적으로는 이미 죽은 것'을 말하는 것으로 이해하곤 합니다. 하지만 그것은 영혼과 육신을 구분하는 헬라적 존재론적 이원론과 이 세상과 오는 세상을 구분하는 히브리적 시간적 이원론을 융합하여 얻은 세계관과 인생관에서 비롯된 이해입니다. 인간의 문제를 그렇게 이해하면, 구원은 당연히 오는 세상에서 우리 영혼이 영원히 사는 것으로 이해될 수밖에 없을 것입니다. 그러나 이것은 부족하고 적절치 못한 설명입니다. 이러한 인간론과 구원론 때문에 한국 교회 대부분의 성도들은 성경이 말하는 그리스도의 구원을 과격하게 추상화하거나 관념화하여 미래(내세)로 연기되어 버린 것으로 이해하고, 결국 그 구원은 지금 여기서의 우리의 육신적 삶과는 아무 관련이 없는 것이 되어버린 것입니다. 그리스도의 구원은 단지 내세에 우리의 영혼이 안녕을 얻는 것으로서, 생각으로만 아는 것(관념화)이지, 지금 여기서 우리의 고난 해결(인권과 자유, 사회 정의와 평화, 빈곤과 질병으로부터의 해방 등)과는 무관한 것으로 이해되는 것입니다. 그러므로 다수의 지역 교회들이 행하고 있는 선교는 오로지 구령(救靈)

사업에만 집중하고, 인권을 증진하고 사회 정의를 실현하는 일 따위에는 무관심하게 되는 현상으로 나타납니다. 그리하여 한국 교회가 엄청난 잠재력에도 불구하고 한국 사회 속에서 국민들의 삶 전반을 증진하는 일에는 크게 공헌하지 못하는 결과를 낳고 있는 것입니다.

타락으로 인한 인간의 죽음을 이해하기 위해서는 땅에서 뿌리 뽑힌 큰 나무 한 그루에 빗대어 설명하는 것이 더 적절합니다. 왜냐하면 우리의 존재의 근원인 창조주 하나님에게 등을 돌리고 자신의 피조물적 내재 자원으로만 살려고 하는 인간은 생명의 근원인 대지로부터 뿌리 뽑혀 그 대지로부터 더 이상 수분과 양분을 공급받지 못하고 자신 안에 내재하는 수분과 양분에 의지해 사는 나무와 같기 때문입니다. 그 나무는 한동안 잎이 파랗고 가지가 싱싱하여 삶의 기색을 완연히 나타냅니다. 그러는 한 우리는 그 나무가 살아 있다고 말할 수 있습니다. 그러나 그 나무가 대지로부터 뿌리 뽑힌 바로 그 순간부터 수분과 양분의 결핍성 속에 빠져들어 잎이 시들고 가지가 마르기 시작합니다. 이것들은 이 나무가 죽음의 권세 아래 놓여 있으며, 죽음의 그림자 아래 있고, 죽음의 병에 걸렸음을 나타내주는 증상들입니다. 목이 아프고 콧물 나며 머리가 띵하고 관절이 쑤시는 현상들이 감기에 걸렸음을 나타내주는 증상들이듯이 말입니다. 죄로 말미암아 우리의 존재의 근원인 창조주 하나님으로부터 분리되어 그의 무한한 자원을 공급받지 못하고, 우리 자신의 피조물적 내재의 자원에만 갇혀 있는 우리는 그 자원의 유한성, 곧 결핍성에서 오는 갖가지 고난들을 겪게 됩니다. 그리고 고난들은 우리가 죽음의 권세 아래 놓여 있음(곧 '죽음병')을 나타내는 증상들인 것입니다. 우리는 죽음의 권세 아래서 살고 있으며, 죽음병 걸린 삶을 살아가고 있는 것입니다. 이 죽음의 권세 아래서의 삶, 곧 죽음병 걸린 삶이 하나님의 나라(통치)로부터 벗어나 사단의 나라(통치) 아래 떨어진 "이 세대(세상)"에서의 삶입니다.

구원은 이 죽음의 권세로부터의 해방입니다. 그러므로 구원은 죽음의 증상들인 고난이 더 이상 없는 온전한 삶입니다. 그러므로 성경은 지금의 우리의 실존을 죽음의 권세 아래 있고 죽음병에 걸린 것이라는 관점에서 말할 때는, 구원을 단순히 죽음에서 "생명"으로 옮기는 것 또는 "생명"을 얻는 것이라 말합니다(예: 요 5:21-29). 그러나 성경이 지금 우리의 실존을 죽음의 권세 아래 있기는 해도 살아있는 것으로 보는 관점에서 말할 때는 구원을 현재적 삶과 구분하여 "영생"이라 합니다(예: 요 5:24).

"영생"이란 원래 히브리어 "오는 세대(세상)의 삶"을 헬라어로 번역한 것을 현대어로 번역하여 나온 말입니다. 그러므로 그 뜻은 단지 시간적으로만 끝없이 길어진 영원한 삶이라는 뜻이 아니고, 하나님이 다스리시는 "오는 세대," 곧 구원의 시대의 삶이라는 뜻입니다. 다시 말하면 하나님 나라에서의 삶이란 뜻으로서, 하나님의 무한한 자원으로 이루어지는 삶을 말합니다. 하나님의 영원에 참여하므로 시간성으로부터 해방되어 늙고 병들고 죽음이 없이 영원히 사는 것도 포함하지만, 또 하나님의 전지하신 지혜에 힘입기 때문에 미래에 대한 무지에서 오는 불안이 없고, 하나님의 전능하심에 힘입기 때문에 어떤 문제에도 빠지지 않으며, 하나님의 온전한 사랑에 힘입기에 갈등이 없는 삶입니다. 그러므로 "영생"은 궁극적으로는 '하나님적(神的) 삶'이라고 말할 수 있습니다.

하여간 아담(인간)은 하나님의 통치, 곧 하나님의 하나님 노릇해주심을 거부하고, 스스로 하나님 노릇하려다가 사단의 통치 아래 떨어졌으며, 죽음의 권세 아래 떨어져 죽음병에 걸린 것입니다.

이 진리를 사도 바울은 로마서 6:23에서 한 마디로 이렇게 표현합니다: "죄의 품삯은 사망이다"(필자 번역). 예수는 이 진리를 탕자의 비유로 아주 생생하게 설명합니다(눅 15:11-32). 현재 세계 신약 학계에서 가장 큰 논점들 중 하나인 이른바 "역사적 예수의 제3탐구"에 있어 가장 영향력

있는 학자라고 할 수 있는 영국의 N. T. Wright는 그의 대작 *Jesus and the Victory of God*(1996)에서 이 비유의 탕자는 이스라엘을 가리킨다고 해석합니다. 그러나 나는 탕자는 우선적으로 아담을 가리키고, 이차적으로 이스라엘을 가리킨다고 봅니다. 탕자의 이야기는 창세기의 아담 이야기의 재현입니다. 아담은 인간을 의미합니다. 그러므로 탕자의 이야기는 우리 모두의 이야기입니다. 예수는 이 이야기를 통해 우리가 어떤 상황에 처해있는가를 생생하게 보여주고 그 죽음의 상황에서 벗어나 생명을 얻는 길을 제시하고 있습니다. 그러므로 탕자의 비유는 예수의 하나님 나라의 복음을 가장 잘 설명하는 비유입니다.

탕자는 자신의 조그만한 분깃을 요구하여 가지고 부요한 아버지에게 등을 돌리고 멀리 떠납니다. 탕자는 자신의 분깃, 즉 자신의 내재적 자원으로 자신의 안녕과 행복을 확보할 수 있다는 생각을 가지고 독립을 선언한 것입니다. 그러나 이 탕자의 자원은 곧 고갈되고 그는 심각한 결핍에 빠지게 됩니다. 이것을 강조하기 위해 예수는 유대인들로서는 상상할 수 없이 처참한 모습을 그립니다. 즉 탕자가 이방인의 종이 되었다는 것과 유대인들이 가장 불결하게 생각하는 짐승인 돼지를 치는 일을 하게 되었다는 것 그리고 심지어 돼지의 음식조차도 먹을 수 없는 존재가 되었다는 것을 그려 보이는 것입니다. 이런 상황을 예수는 "죽음"이라고 지칭합니다(눅 15:24, 32).

이런 인간에게 구원이란 무엇입니까? 아버지, 즉 창조주에게로 돌아옴입니다. 이것이 바로 예수가 약속하는 복음입니다. 하나님은 자신을 떠난 인간에게 돌아오지 말라고 저주하지 않고 용서하고 화해해서 아들로 받아 상속자의 위치로 회복시키고 잔치를 베풀어주십니다. 하나님의 용서의 사랑에 힘입어 인간은 하나님의 부요함을 "상속"받게 되고 그의 풍요로운 잔치에 참여하게 됩니다. 즉 하나님의 신적(神的) 무한에 참여하게 됩니다. 그리하여 하나님의(神的) 생명, 곧 "영생"을 얻게 됩니다. 이것이 바로 예수가 선포하는 하나님 나라의 구원이고, 예수는 자신이 바로 이 구원을 가져다주는 존재라고 주장합니다.

결론하건데, 탕자의 비유에서 보는 바와 같이, 자만(自滿)의 삶을 살려고, 즉 스스로 하나님같이 되려고 창조주 하나님의 통치를 거부한 인간(아담)이 사단의 통치 아래 떨어져 죽음에 처해 있다는 것과 그러기에 그들이 다시 하나님의 통치 아래로 회복되어 사랑의 하나님의 하나님 노릇해주심을 덕 입어 살아야 한다는 것이 예수의 하나님 나라 선포의 한 전제입니다.

다. 언약사상

하나님 나라 선포의 세 번째 배경은 의의 하나님이 타락한 인간을 구원하기로 작정하고 구원의 행동을 하신다는 것입니다. 타락한 인류를 하나님은 방치하시지 않습니다. 하나님께서 그들을 위한 구원사를 시작하십니다. 이것이 구약에서는 언약 사상으로 표현되었습니다.

"언약"이란 하나님이 한 무리의 사람들을 선택해서 그들에게 하나님 노릇하겠다고 약속해주는 것입니다. 이것은 "내가 너희의 하나님이고, 너희가 나의 백성이다"는 언약 형식으로 표현됩니다. 구약에서 언약 사상의 핵심은 하나님이 이스라엘을 자기 백성으로 선택하고 그들에게 "내가 너희의 하나님이라"고 말하면서 그들에게 하나님 노릇해주시기를 약속하시는 것입니다. 이스라엘을 보호하고 인도하시고 복주시겠다는 약속입니다. 그런데 이것이 그들만을 위해서였습니까? 선지자 이사야 등이 갈파하듯이, 그것은 이스라엘을 통해서 온 인류를 구원하시기 위함이었습니다. 이스라엘을 "빛"(하나님의 계시)과 "구원"의 전달자로 삼아서 온 인류에게 창조주 하나님을 알도록 하고 구원을 얻도록 하기 위함이었습니다(예: 사 42장; 46장; 49장). 즉 그들을 통해서 세상의 모든 백성들을 하나님의 구원 통치 안으로

데려오려는 것이었습니다.

 이러한 언약의 관계, 즉 하나님 노릇해주시는 하나님과 그것을 덕 입어 살도록 되어 있는 이스라엘의 관계를 구약에서는 여러 가지 그림 언어들을 사용하여 표현했습니다. 예를 들어 보겠습니다. 야훼 하나님이 "왕"이시고, 이스라엘이 그의 "백성"입니다. 하나님이 "아비"이시고, 이스라엘은 그의 "아들"(맏아들)입니다. 또 하나님이 "목자"이시고, 이스라엘이 그의 "양떼"입니다. 하나님이 "신랑"이시고, 이스라엘은 그의 사랑하는 "신부"입니다. 하나님이 전쟁의 "사령관"이시고, 이스라엘이 그의 "군대"입니다. 하나님이 "농부"이시고, 이스라엘은 그가 가꾸는 "포도원"입니다. 이 그림들은 야훼 하나님이 이스라엘에게 어떻게 하나님 노릇 해주시는가를 다양하게 표현하는 것들입니다.

 이 가운데 중요한 것이 하나님이 이스라엘의 '왕'이시고, 이스라엘은 그의 통치를 받는 '백성'이라는 것입니다. 예수의 "하나님 나라" 언어는 분명 구약의 이 언약적 배경을 가지고 있습니다.

라. 종말사상

 예수의 하나님 나라 선포에 있어 마지막 전제는 이스라엘에게 하나님 노릇해주시기로 약속한 하나님이 드디어 이 세상에 오셔서 악의 세력을 심판하시고 그의 백성을 구원하시리라는 종말 사상입니다. 하나님께서 오시는 이 날을 구약은 "야훼의 날", 곧 "주의 날"이라고 합니다. 이 "주의 날"에 대한 소망은 점차 종말론적으로 발전하였는데, 특히 구약과 신약의 중간사 시대에는 사단의 통치를 박멸하고 하나님이 통치하는 구원의 시대를 열 것이라는 묵시문학이 발달했습니다. 그러므로 하나님의 오심은 사단이 죄악과 죽음으로 통치하는 이 세대의 "종말"을 의미하며, 하나님이 의와 생명으로 통치하는 새 세대의 시작을 의미합니다. 그때 하나님께서 아담의 타락 이래 사단의 통치 아래 떨어진 온 세상을 창조주이신 자신의 정당한 통치에로 회복하실 것인데, 그때 인간은 사단의 죽음에서 하나님의 생명에로 이전될 것입니다.

구약 시대 말기의 묵시 문학에서부터 점차 "두 세대" 사상이 발전해서 랍비문학에서는 "이 세대"와 "오는 세대"가 전문 언어로 정착되었습니다. "이 세대"는 사단이 하나님의 주권을 찬탈하여 인간들을 통치하되, 죄악을 저지르게 하고 죽음으로 품삯을 주는 식으로 통치하는 시대인데 반해, "오는 세대"는 하나님이 인간들을 자신과의 올바른 관계(義)로 회복시켜 그들로 하여금 생명을 누리게 하는 통치를 하는 시대입니다. 그러므로 유대교의 "오는 세대" 사상은 내용상 "하나님의 나라"와 일치하는 것이라 볼 수 있습니다. 예수 당시 유대교의 기도문인 "카디쉬" 기도문은 유대인들이 얼마나 하나님이 통치하는 이 새 세대를 고대하였는가를 잘 표현해주고 있습니다.

지금까지 살핀 구약과 유대교의 이 네 가지 전제들을 배경으로 이제 예수가 선포한 하나님 나라의 복음을 살펴보도록 하겠습니다.

Chapter
예수의 하나님 나라 선포

1. 가까운 장래에 올 하나님 나라

예수는 하나님 나라가 곧 올 것이라고 선포했습니다. 그것은 마가가 요약하는 예수의 복음에 잘 표현되어 있습니다: "때가 차서 하나님의 나라가 가까이 왔다. 회개하고 복음을 믿으라"(막 1:15; 마 4:17). 예수는 그의 제자들에게 임박한 하나님 나라가 더 빨리 오도록 기도하라고 가르쳤습니다.

이른바 "주기도문"(마 6:9-13; 눅 11:2-4)은 예수의 하나님 나라 복음을 가장 잘 요약하여 표현하고 있습니다. 예수가 전개했던 하나님 나라 운동의 정신을 가장 잘 표현한 것이라고도 할 수 있고, 하나님의 통치 아래 있는 백성의 삶에 대한 가장 정확한 지침이라고 할 수도 있습니다.

"주기도문"에 있어 가장 중요한 부분은 그 첫 마디 "아빠!"라고 할 수 있습니다. 하나님을 "아빠!"라고 부름은 원래 예수의 독특한 하나님의 아들됨을 나타내는 부름입니다. 그런데 예수는 자신의 초청에 응하여 하나님 나라에 들어온 자들, 곧 하나님의 통치를 받는 자들에게 하나님을 이렇게 부르게 하여, 그들이 하나님과 새롭게 맺게 된 관계, 경외심과 함께 친근한 의존심을 갖고 가까이 나아갈 수 있는 관계를 깨닫게 합니다. 예수의 하나님 나라의 복음을 받아들인 자들은 하나님의 백성이 되고 자녀가 되어 온 세상을 지으시고 다스리시고 심판하시는 초월의 하나님을 "아빠!"라고 부를 수 있게 됩니다. 그러기에 그들은 이어서 나오는 청원들을 하나님께 할 수 있습니다. 그러므로 주기도문의 첫 마디 "아빠!"는 주기도문 전체의 근거가 됩니다.

주기도문은 그 핵심에 있어 세 개의 청원들로 되어있습니다: "당신의 나라가 임하게 하소서," "우리에게 일용할 양식을 주소서," 그리고 "우리의 죄를 용서하여 주소서(우리도 우리에게 죄 지은 자들을 용서하겠나이다)." 누가복음 판(눅 11:2-4)은 두 개의 '당신 청원들'과 세 개의 '우리 청원들'로 구성되어 있는데, 두 개의 "당신 청원들" 중 첫 번째 것("당신의 이름이 거룩히 여겨지이다")은 유대인들의 관행상 하나님의 거룩한 이름을 부른 뒤에 항상 덧붙이는 소원의 표현입니다. 그러므로 주기도문의 핵심 "당신 청원"은 "당신의 나라가 임하게 하소서"입니다. 마태복음 판(마 6:9-13)은 주기도문을 예배용으로 발달시킨 판으로서, 세 개의 "우리 청원들"에 숫자적으로 평행을 이루어 "당신 청원들"도 셋으로 만들기 위해 "당신의 뜻이 하늘에서와 같이 땅 위에서도 이루어지게 하소서"를 덧붙였는데, 이것은 "당신의 나라가 임하게 하소서"의 청원을 되새기며 부연한 것이라고 할 수 있습니다. 마태의 이 새김으로 하나님 나라의 옴은 곧 하나님의 뜻이 땅 위에서 이루어짐을 의미한다는 것이 잘 드러납니다. 세 개의 "우리 청원들"도 자세히 보면, 마지막 청원 "우리를 시험에 떨어지지 않게 하소서(다만 악한 자로부터 구출하여 주소서)"는 사단의 시험에 빠져 사단의 통치 아래 떨어진 아담의 숙명을 되풀이하지 않게 해주시라는 청원, 곧 사단의 통치로부터 건져주시라는 청원으로서 "당신의 나라가 임하게 하소서" 청원의 부정적인 표현입니다. 그러므로 주기도문을 마무리하는 이 청원은 주기도문의 사실상 첫 청원이면서 핵심 청원인 "당신의 나라가 임하게 하소서"와 수미쌍관(首尾雙關: inclusio)을 이루게 하여, 후자가 주기도문의 핵심 청원임을 확실히 하고 그 청원을 다시 한번 강조하기 위해 덧붙여진 것입니다.

그러므로 주기도문은 하나님을 "아빠!"라고 의미심장하게 부른 후에 사실상 세 가지 청원을 하는 것입니다: "당신의 나라가 임하게 하소서"; "우리에게 일용할 양식을 주소서"; "우리의 죄를 용서하여 주소서(우리도 우리에게 죄지은 자들을 용서하겠나이다)." 이 세 청원들 중 가장 근본적인 것은 물론 첫 번째 청원입니다. 둘째와 셋째, 곧 일용할 양식의 공급과 죄 용서는 첫째, 즉 하나님 나라의 옴의 결과로 주어지는 복들입니다. 그러므로 예수는 그의 제자들에게 하나님 나라가 오도록, 그리하여 하나님으로부터 양식을 공급받고 죄의 용서를 받도록 기도하라고 가르친 것입니다 (필자의 『주기도문 강해』 참조).

그러므로 마태복음 6장의 산상수훈에 나타나는 주기도문 강해는 바로 이 세 마디를 중심으로 이루어집니다. 예수는 먼저 하나님의 통치 아래 죄 용서를 받는 사람은 이웃을 용서해야 함을 강조합니다(마 6:14-15). 이것은 "우리의 죄를 용서하여 주소서(우리도 우리에게 죄 지은 자들을 용서

하겠나이다)" 청원에 대한 주해입니다. 그리고는 예수는 무엇을 먹을까, 무엇을 입을까 등의 삶의 근본적 필요들에 대한 실존적 불안에서 재물을 많이 쌓아 그것으로부터 안녕과 행복을 얻으려는 태도, 곧 맘몬(재물)에 대한 우상숭배를 심각하게 경고합니다. 무엇을 먹을까, 무엇을 입을까 등의 실존적 불안은 우리가 우리의 존재의 근원인 창조주 하나님으로부터 분리되어 우리의 결핍성 속에 갇혀있기 때문에 오는 것입니다. 앞에서 우리가 보았듯이, 이 상황은 사단의 속임수에 빠져 인간이 하나님의 아빠 노릇해주심을 거부하고 스스로 자신에게 하나님 노릇하려고 해서 발생한 것입니다. 이 상황에 처한 인간에게 사단은 돈을 많이 벌면 자신의 안보와 행복을 얻을 수 있다는 환상을 심어주고, 그렇게 하라고 유혹합니다.

이렇게 맘몬이즘은 사단의 통치의 가장 절실한 표현입니다. 그러기에 예수는 맘몬이즘을 가장 위험한 우상숭배의 형태로 경계합니다: "누구도 두 주인들을 섬길 수 없다…너희는 하나님과 맘몬을 (함께) 섬길 수 없다"(마 6:24). 예수는 우리에게 맘몬이즘을 통한 사단의 통치를 거부하고 하나님 나라로 들어 와서 공중에 나는 새도 먹이시고 들의 백합화도 입히시는 창조주 하나님의 자애로운 아빠 노릇해주심에 의지하는 자세, 하루하루 그날을 위한 양식을 구하는 자세로 살라고 가르칩니다(마 6:25-32). 예수는 주기도문에 대한 이러한 강해를 다음과 같이 결론 맺습니다: "먼저 그(하나님)의 나라와 그의 의를 구하라. 그리하면 이 모든 것들도 너희에게 주어질 것이다"(마 6:33). 예수는 우리에게 하나님의 나라가 온전히 임하기를, 그리하여 인간들이 하나님과의 올바른 관계가 회복되고(부정적인 언어로 말하면, 죄의 용서; 긍정적인 언어로 말하면, 의인 됨), 인간들 사이에 상호 용서를 통한 올바른 관계가 회복되는 것을 제일 중요한 것으로 구하라고 요구하십니다. 그리하면, 다른 필요들(먹는 것과 입는 것 등)도 덧붙여 주어지리라고 하십니다. 이와 같이 마태복음 6:14-34에서의 주기도문 강해에서, 그리고 그것의 결론적 요약(마 6:33)에서 우리는 주기도문의 세 가지 핵심 청원들을 재확인할 수 있습니다.

여기서 우리는 예수가 선포한 하나님 나라의 복음에 대해 여러 가지를 배울 수 있습니다. 첫째, "하나님 나라"는 주로 하나님의 다스리심이라는 역동적 의미를 가졌다는 것입니다. 그것을 주로 하여 때로는 하나님의 통치가 이루어지는 장, 곧 영역적 뉘앙스가, 또 때로는 하나님의 통치를 받는 그의 백성이라는 뉘앙스가 전면에 나타낼 때도 있습니다. 또 때로는 구약에서 하나님의 통치가 이루어졌던 창조와 구원사의 중요한 사건들, 이를테면 출애굽이나 바벨론에서의 해방과 같은 사건들을 연상시키기도 합니다. 그러므로 "하나님 나라"라는 숙어가 쓰인 맥락들을 잘 살펴서 그때그때 어떤 뉘앙스가 주된 것이고 하나님의 창조와 구원사에서의 무엇을 연상시키는가를 결정해야 합니다. 그럼에도 불구하고 "하나님의 다스리심"이 가장 기본적인 의미라는 것은 마태의 부연에서도 잘 드러납니다. 곧 하나님 나라의 옴은 사단의 뜻을 대치하여 하나님의 뜻이 땅 위에 이루어지는 것입니다. 즉 사단의 통치를 대치하여 하나님의 통치가 실현되는 것입니다.

그러므로 둘째로 하나님 나라의 옴은 아담적 숙명이 뒤집어지는 것을 의미한다는 것을 알 수 있습니다. 인간의 아담적 숙명이 뒤집어지는 것은 죄의 용서와 결핍으로부터의 해방으로 나타납니다. 사단의 통치 아래서 하나님과 이웃에 대항하여 자기를 주장하던 죄인으로서의 삶이 용서되고 창조주 하나님과의 올바른 관계에로 회복됩니다. 하나님과 올바른 관계를 갖게 됨은 이웃과도 올바른 관계를 갖게 됨으로 이어집니다. 그리하여 인간들은 "의인들"이 되고 그들의 사회는 샬롬(화평/평안)을 누리게 되는 것입니다.

창조주 하나님과 올바른 관계로 회복됨으로써, 이제 인간들은 자기 내재의 제한된 자원으로 자신들의 안녕과 행복을 확보하려는 삶의 자세를 포기하고 창조주 하나님의 아빠 노릇해 주심에 의존할 수 있게 됩니다. 공중의 새도 먹이시고 들의 백합화도 입히시는 하나님 아빠로부터 날마다 일용할 양식을 공급받아 살 수 있게 되는 것입니다. 곧 자신의 결핍성과 거기서 발생하는 고난들(죽음의 증상들)로부터 해방되어 창조주의 무한에 참여하여 '하나님적 삶,' 즉 영생을 얻게 되는 것입니다. 이렇게 하여 사단의 죄와 죽음의 통치를 벗어나 하나님의 의와 생명의 통치를 누리게 되는 것입니다.

예수는 이렇게 우리를 창조주 하나님께 회복시켜 영생을 줄 하나님의 통치가 임박했다는 "복음"(좋은 소식)을 선포하면서, 그 하나님의 나라가 속히 오도록 기도하라고 가르치고, 죄를 회개함으로써(즉, 사단의 통치에 등을 돌리고) 그 하나님의 통치를 받을 준비를 하라고 요구한 것입니다.

2. 예수의 하나님 나라 묘사의 특징

가. 비유로 그림

그러면 예수는 곧 오는 하나님 나라를 어떻게 묘사했습니까? 예수는 여러 비유들을 통해 하나님 나라의 여러 면모들을 설명했는데(예: 마 13장; 막 4장), 우선 눈에 띄는 특징들이 있습니다. 예를 들어, 그분은 묵시문학의 현란한 환상의 언어를 피하고 랍비문학의 다분히 물질적인 기술도 피합니다. 예수가 하나님 나라가 곧 오리라고 선포함에 있어 유대교의 묵시문학적 전승을 이어받고 있으나, 그것의 묘사 방법은 피한다는 것입니다. 유대 묵시 문학을 읽어보지 못한 독자라도, 신약 성경의 묵시문학, 곧 요한계시록에서 묵시문학적 언어를 알 수 있습니다. 요한계시록을 보면 하늘의 하나님 보좌와 그 둘레에서 네 생물들과 24장로들과 수천수만의 천사들이 하나님과 죽임 당한 어린양을 예배하고 찬송하는 환상에 대한 기술이 나타납니다(4-5장). 또 12지파에서 12,000명씩 144,000명으로 구성된 메시아의 군대가 용, 바다괴물, 땅 괴물로 구성된 사단의 삼위일체 군대와 맞붙어서 싸우고, 그들의 군대를 멸망시키고 용을 사로잡아 무저갱에 가두는 환상들, 인봉들을 뗄 때, 나팔들을 불 때, 대접들을 쏟아 부을 때 일어나는 세상에 대한 심판의 환상들, 하늘의 예루살렘이 땅 위에 내려오는 환상 등이 현란하게 등장합니다. 예수의 하나님 나라 선포에는 이런 그림들이 거의 전무합니다.

또한 랍비문서에 보면, 오는 세상의 삶을 상당히 물질적으로 묘사합니다. 다시 말해, 유대 랍비들이 상상했던 종말의 구원은 이 세상에서 우리가 즐기는 가치들을 크게 확대한 것이라고 볼 수 있습니다. 예컨대, 랍비신학에 의하면 아담이 죄를 범하여 여섯 가지를 잊어버렸다고 합니다. 그 내용을 살펴보면, 첫째, 얼굴의 광채를 잃어버렸다고 합니다(즉 하나님의 영광을 잃어버렸다는 것). 둘째, 하늘의 광채들을 잃어버렸다고 합니다(즉 암흑과 혼돈의 세상에서 살게 되었다는 것). 셋째, 아담의 장대한 키가 아주 작아졌다는 것입니다(즉 무능한 존재가 되었다는 것). 넷째, 나무의 열매들을 잃었다고 합니다. 다섯째, 땅의 열매들을 잃었다고 합니다(넷째와 다섯째가 말하고자 하는 바는 인간이 결핍에 빠지게 되었다는 것). 이것을 설명하기 위해 랍비들은 아담의 타락 전 낙원에서의 포도를 장정들이 들 수 없을 정도로 큰 것으로 그립니다. 타락 후에는 땅이 저주를 받아 인간이 아무리 농사의 수고를 해도 땅은 엉겅퀴를 내고 열매는 조그만 해서 인간이 기아선상에서 허덕이게 되었다는 것입니다. 여섯째, 영생을 잃어버렸다고 합니다.

유대교는 종말을 구원의 시대로 보고, 종말의 구원은 태초의 회복이라고 보았습니다. 이에 따라 랍비신학은 종말에 아담이 잃어버렸던 여섯 가지의 복들이 다시 다 회복되리라고 주장합니다. 아담의 타락으로 인해 상실한 생명과 "오는 세대"에 얻게 될 그것의 회복을 이렇게 구체적으로 그리다 보면 자연히 "오는 세대"의 구원을 다분히 이 세상적이고 물질적인 그림들로 그리게 됩니다. 물론 예수도 하나님 나라를 이 세상의 것들을 사용하여 설명하기는 했습니다. 하지만, 하나님 나라의 것들과 이 세상의 것들을 직접 동일시하지 못하도록 하기 위해 구체성을 피하여 비유로 말합니다.

예수가 묵시문학의 환상적인 언어와 랍비문학의 물질적 언어를 피한 것은 하나님 나라의 초월성을 보호하면서 그것의 신학적인 뜻에 집중하고자 함입니다. 그러므로 우리는 이 뜻을 존중하여, 예수의 하나님 나라에 대한 가르침을 생각할 때 묵시문학적 신비주의에 빠지는 것도 경계해야 하고, 하나님 나라를 이 땅 위에 이루어질 어떤 물질적 체계로 생각하는 것도 경계해야 합니다. 하나님 나라는 궁극적으로 하나님의 초월에 속하는 것입니다. 물론 예수는 그것을 이 세상의 언어로 선포할 수밖에 없었습니다. 그랬기 때문에 그는 이 세상의 것들을 비유로 삼아 그것을 선포한 것입니다. 그러므로 이 세상의 것들은 어디까지나 하나님 나라에 대한 "비유"에 불과하지 그것의 실체일 수 없습니다. 그러므로 우리는 그 비유들의 신학적인 의미에 집중해야지 그것들을 물질적인 것들과 동일시해서는 안 됩니다.

나. 잔치의 비유

예수는 하나님 나라를 주로 잔치의 비유, 특히 혼인 잔치의 비유를 통해 묘사했습니다(예: 막 2:18-22 병행구절들; 마 8:11-12＝눅 13:28-29; 마 22:1-10＝눅 14:16-24; 마 25:1-13; 눅 15:11-32). 그것은 "잔치"라는 단어가 즉시 불러일으키는 연상들 때문이었습니다. "잔치" 하면 우리 머리 속에 즉시 갖가지 음식이 가득 쌓인 상들이 즐비한 장면이 떠오르고, 배불리 먹고 마시며 흥겨워하며, 서로 너그러이 나누고 권하는 사랑의 그림이 떠오릅니다. 이렇게 잔치는 풍요함, 만족, 기쁨, 사랑 등을 상징하는 것입니다. 예수는 하나님 나라를 이런 것들이 있는 곳으로 그리고자 해서 잔치의 비유를 즐겨 쓴 것입니다. 이것은 구약에서부터 이미 하나님의 구원을 잔치로 그리는 전통(예: 시 23:5), 특히 종말의 구원을 시온에 펼쳐질 메시아적 잔치로(사 25:6; 33:20; 1En.62; 2Bar.29) 그리는 전통을 따른 것입니다. 예수는 이 세상, 곧 사단의 나라에서의 우리의 삶이 근본적으로 결핍되어 항상 욕구 불만이 있고, 서로 조금이라도 더 많이 차지하려는 처절한 생존 경쟁을 하며, 그리하여 항상 아픔과 슬픔을 겪는 현실을 염두에 두고 이 그림을 즐겨 쓰셨습니다.

사단의 통치 아래서 자신들의 제한된 자원에 갇힌 인간들은 남의 자원을 빼앗아 자신의 자원을 늘리고자 하여 만인이 만인에게 늑대 노릇을 하게 됩니다. 그래서 인간 사회는 약육강식이 범람하는 불의와 억압과 착취의 사회인 것입니다. 이것이 바로 현재 우리의 삶입니다. 그런데 하나님 나라가 오면, 우리는 창조주 하나님과 올바른 관계로 회복되어 그의 무한한 부요함에 참여 할 수 있고 그의 아빠 노릇해 주심에 의해 살게 됩니다. 이 사실을 예수는 풍요함, 만족, 기쁨, 사랑이 있는 "잔치"의 그림으로 설명하려 한 것입니다. 그러므로 예수가 하나님 나라를 "잔치"의 비유로 그리면서 설명하려는 하나님 나라의 구원은 하나님의 무한한 자원으로 이루어지는 삶, 하나님의 신성에 참여하는 삶, 하나님적(神的) 생명, 곧 "영생"입니다.

예수는 또한 하나님 나라를 "상속 받음"의 비유로도 표현했는데(예: 마 5:3-4, 10; 눅 12:32-34) 그 그림은 "잔치"의 그림과 똑같은 의미를 갖습니다. 우리가 하나님 나라에 들어간다는 것은 우리가 하나님의 자녀들이 되어, 사단의 나라에서 우리의 결핍으로부터 해방되고 창조주의 무한한 부요함을 상속받는다는 것을 의미합니다. 누가복음 15장의 탕자의 비유에서는 "상속"과 "잔치"라는 두 그림이 함께 동원되어 하나님 나라의 구원을 그리고 있습니다. 탕자의 비유는 사단의 속임수에 꾀어 자신의 결핍에 떨어진 창세기 3장의 아담(인간) 이야기라는 것을 우리는 앞에서 이미 살펴보았습니다. 이런 인간에게 예수는 하나님 나라의 복음을 선포합니다. 곧 하나님의 하나님 노릇해주심, 아빠 노릇해주심에로 돌아와야 구원이 있다는 것입니다. 하나님은 우리를 용서하시며 다시 자신의 자녀들로 회복시키고 풍요로운 잔치를 베풀려고 기다리고 계신다는 것입니다. 하나님은 우리에게 예복을 입히고 가락지를 끼워 자신의 자녀들로 회복시켜 "상속자"들이 되게 하고, 살진 송아지를 잡고 풍악을 울리는 풍요와 기쁨과 사랑의 "잔치"를 베푸시리라는 것입니다. 그리하여 우리가 하나님적(神的) 생명, 곧 "영생"을 얻게 하신다는 것입니다.

3. 하나님 나라의 현재적 실현

가. "하나님 나라가 이미 너희에게 임하였다"

하나님 나라가 아주 가까운 장래에 오리라고 선포한 예수께서는 하나님 나라가 벌써 자신의 사역을 통해서 실현되고 있음을 또한 강조했습니다. 이것을 나타내기 위해 예수는 귀신을 쫓고 병 고침을 통해 하나님 나라를 선포했습니다. 성경 여러 곳에서 이런 내용을 볼 수 있는데, 가장 쉽게 엿볼 수 있는 곳이 누가복음 11:14-22과 마태복음 12:22-29입니다.

우선 누가복음 11:14-22을 보십시오: "예수께서 한 벙어리 귀신을 쫓아내시니 귀신이 나가매 벙어리가 말하는지라, 무리들이 기이히 여겼으나, 그 중에 더러는 말하기를 저가 귀신의 왕 바알세불을 힘입어 귀신을 쫓아낸다 하고, 또 더러는 예수를 시험하여 하늘로서 오는 표적을 구하니, 예수께서 저희 생각을 아시고 이르시되, 스스로 분쟁하는 나라마다 황폐하여지며 스스로 분쟁하는 집은 무너지느니라. 너희 말이 내가 바알세불을 힘입어 귀신을 쫓아낸다 하니, 만일 사단이 스스로 분쟁하면 저희의 나라가 어떻게 서겠느냐? 내가 바알세불을 힘입어 귀신을 쫓아내면, 너희 아들들은 누구를 힘입어 쫓아내느냐? 그러므로 저희가 너희 재판관이 되리라. 그러나 **내가 만일 하나님의 손을 힘입어 귀신을 쫓아내는 것이면 하나님의 나라가 이미 너희에게 임하였느니라.** 강한 자가 무장을 하고 자기 집을 지킬 때에는 그 소유가 안전하되, 더 강한 자가 와서 저를 이길 때에는 저의 믿던 무장을 빼앗고 저의 재물을 나누느니라."

예수께서 귀신들을 쫓아내니 그 적대자들이 예수가 바알세불에 힘입어 귀신을 쫓아낸다고 비방했습니다. 본문에서는 "바알세불"은 사단의 별칭(명)으로 나오는데, 이 표현은 유대교적 배경에서는 나오지 않습니다. 그러기에 예수를 욕하기 위해 새로 만들어진 합성어인 것 같습니다. "바알"은

"주" 또는 "남편"을 뜻하는 보통 명사이기도 하면서, 이스라엘의 야훼 신앙을 가장 크게 위협했던 가나안의 신 "바알"의 고유명사이기도 합니다. 한편 "세불"은 하나님의 "거처지" 곧 "성전"을 뜻합니다. 그러니까 예수의 적대자들은 가나안의 이 "바알" 신을 연상시켜 예수가 이 "바알" 신과 "바알" 신으로 자신을 나타내는 사단과 연결되어 있다고 비아냥거리고자 하는 것 같습니다. 그러나 "바알세불"을 분석해보면 "성전의 주"라는 뜻을 가진 것이므로, 예수의 성전에 대한 어떤 주장, 예컨대 자신이 성전을 새로 건축한다든지 또는 자신이 "성전의 주"라는 주장을 비아냥거려 "성전의 주"이기는커녕 "바알"(사단)에게 신접한 자라고 욕하고 있는 것이라고 보는 학자들도 있습니다. 하여간 예수가 귀신을 쫓아내고 병자들을 치유하는 것을 본 그의 적대자들은 그가 사단에 힘입어 그런 일들을 한다고 비난한 것입니다.

예수는 이에 대해 세 가지로 반박합니다. 첫째, 우선 논리적으로 말이 안 된다는 것입니다. 어떻게 사단 바알세불에 힘입어 그의 졸개들인 귀신들을 쫓아낼 수 있느냐는 것입니다.

둘째, 유대 종교지도자들의 관행을 들어서 반박합니다. 여기 "너희들의 아들들"에서 "아들들"은 문자적으로 아들들을 뜻하는 것이 아니고, 셈족 언어의 숙어입니다. '너희들 중 몇 명(some of you)은'이란 뜻을 지닙니다. "너희들도 몇몇은 귀신을 쫓아내는 일을 하는데, 그러면 너희들도 사단에 힘입어서 하는 것이냐'라는 뜻입니다.

셋째, 실제로는 예수가 "하나님의 손가락"으로 귀신을 내어 쫓는다는 것을 강조합니다(눅 11:20). 마태복음에서는 "하나님의 영으로," 즉 성령에 힘입어 쫓아냈다고 말합니다(마 12:28). 그러나 둘 다 "하나님의 힘으로"라는 뜻입니다. 구약에서 하나님이 자신의 백성을 구하기 위해 자신의 손을 편다는 표현이 더러 나오는데, 이것은 초월자의 내재에의 간섭함을 나타내는 표현입니다. 초월의 하나님이 역사에 간섭하셔서 자기 백성을 구원하시고 인도하심을 나타낼 때 사용하는 표현이라는 말입니다. 초월자 하나님의 내재하시는 모습이 바로 성령입니다. 그래서 누가복음과 마태복음의 내용이 말하는 뜻은 같습니다. 즉 예수는 자신이 초월 하나님의 내재에 작용하시는 힘으로 귀신을 쫓아내서 귀신들린 사람들을 사단의 손아귀에서 해방시키고 치유한다는 것입니다. 이런 예수의 해방과 치유의 사역에 바로 하나님의 힘이 나타나고 있다는 것입니다. 그러므로 예수의 축귀와 치유의 사역은 사실상 하나님이 사단의 통치를 몰아내고 사단의 통치 아래 고난 받는 사람들을 자유케 하고 온전케 하시는 사역입니다. 사단은 죄와 죽음으로 통치합니다. 즉 사단은 우리로 하여금 죄를 짓도록 하고 죄를 지으면 죽음으로 품삯

예수의 하나님 나라 선포

을 줍니다. 이러한 통치가 귀신들림으로 또는 병고로 나타나는데, 예수께서 하나님의 힘으로 이 사단의 통치를 꺾고 귀신들린 자를 해방시켜 치유함으로써 하나님의 구원 통치가 나타나게 한 것입니다. 그러므로 예수는 귀신을 쫓아내고 치유하는 자신의 일을 하나님의 구원 통치가 이미 실현되고 있는 증거로 내세우는 것입니다. 예수의 축귀와 치유 사역을 통해 하나님께서 사단의 통치를 꺾고 자신의 구원 통치를 실현하고 있다면, 그것은 예수가 하나님의 통치를 실현하는 일꾼(agent), 또는 하나님의 나라의 담지자(擔持者; bearer)라는 증거이기도 합니다.

넷째, 예수는 자신이 사단의 왕국(집안)에 포로로 잡힌 사람들을 해방하고 치유할 수 있는 것은 자신이 사단의 나라(집안)에 침투하여 사단을 "묶었기" 때문이라고 암시합니다. 이것은 예수가 세례 요한으로부터 세례를 받을 때 하늘로부터 하나님의 "아들"로 소명을 받고 하나님의 영을 힘입은 후 사단과의 첫 대결에서 이기신 것을 두고 하는 말입니다(시험기사: 막 1:12-13; 마 4:1-11; 눅 4:1-13). 예수는 자신의 사역 전 과정을 사단과의 투쟁 과정으로 보았습니다. 예수를 줄곧 시험하여 아담과 같이 자신의 통치 아래로 떨어뜨리려 한 사단은 드디어 십자가에서 예수에게 자신의 최후의 무기인 죽음으로 공격합니다. 그러나 하나님께서 예수를 부활시켜서 사단을 이기게 합니다. 그러니까 예수의 십자가에서의 죽음과 부활은 전쟁을 결판낸 (decision day=D-Day) 승리의 날이었습니다. 그럼에도 불구하고 사단이 예수의 십자가에서의 죽음과 부활로 박멸되지 않았습니다. 예수의 재림 때야 비로소 박멸됩니다(고전 15:24-26). 그러므로 그때가 최후 승리의 날(victory day=V-Day)이라고 할 수 있습니다.

2차 대전을 경험한 신학자들은 예수를 통하여 사단의 통치를 꺾고 하나님 나라를 실현해가는 과정을 설명할 때 이런 그림과 용어를 유용하게 사용합니다. 1944년 6월 연합군이 프랑스의 노르망디 해안에 상륙해서 독일군을 결정적으로 무찌른 날이 D-Day입니다. 그러나 전쟁은 그때 끝나지 않았습니다. 연합군은 그 후 거의 1년 동안 계속 독일군을 무찔러 베를린을 함락함으로써 1945년 5월 8일에 가서야 독일로부터 완전한 항복을 받았습니다. 그때 비로소 완전한 승리가 있었던 것입니다. 그 날을 V-Day라 합니다. 바로 이 경험을 비유로 써서 예수의 사단과의 투쟁을 그리면, 예수의 세례 후 사단의 시험을 극복함은 그가 사단을 "묶음"에 해당하고, 예수의 죽음과 부활은 D-Day의 승리요, 예수의 재림 때 있을 사단의 세력을 완전히 박멸함은 V-Day의 승리라고 나타낼 수 있는 것입니다.

하여간, 예수는 자신의 축귀와 치유의 사역을 자신이 세례 때 받은 메시아(하나님의 아들, 즉 하나님의 일꾼-agent)적 소명을 그때 받은 성령의 힘으로 실현해 가는 것으로 말하고 있습니다. 즉 사단의 나라에 침투하여 사단의 죽음의 통치를 깨뜨리고 하나님의 구원 통치를 실현해가는 과정으로 설명합니다. 그러니까 예수의 축귀와 치유 사역은 하나님 나라의 실현의 증거이기도 하고, 예수가 하나님의 일꾼(agent - "아들")됨에 대한 증거이기도 합니다.

다섯째, 예수는 하나님 나라 선포와 치유를 병행시켰습니다. 예수의 치유는 그가 선포하는 하나님의 구원 통치가 실현되고 있음을 증거하는 것입니다. 그래서 예수의 치유는 그가 선포하는 하나님 나라 복음의 실제화(actualization)요 "시위(demonstration)"이며, 그것에 대한 "해설(commentary)"이요 "예시(illustration)"입니다. 예수의 치유는 그가 선포하는 하나님 나라의 구원이 실재가 되게 하는 사건입니다. 그래서 그의 하나님 나라 선포와 치유 행위는 항상 같이 갑니다. 예수께서 제자들을 선교를 위해 파송할 때도 하나님 나라의 복음을 선포하고 축귀와 치병의 사역을 하도록 명령했고(막 6:14-15; 마 10:7-8; 눅 10:9), 제자들의 성공적인 하나님 나라의 복음 선포와 축귀/치유 사역은 곧 하나님의 통치가 사단의 통치를 패퇴시켜 가는 과정이었습니다. 그래서 그들의 선교 사역 보고에 대해서 예수는 "사단이 하늘에서 떨어지는 것을 보았다"고 말씀하신 것입니다(눅 10:18).

나. 하나님 나라와 치유에 대한 올바른 이해

오늘 우리의 복음 선포에도 항상 치유가 일어나야 합니다. 치유가 일어나지 않으면 복음이 제대로 선포되지 않은 것이라고 보아야 합니다. 치유가 일어나지 않으면 복음이 약속하는 하나님 나라의 구원이 실제화되지 않은 것이기 때문입니다.

그런데 여기에 한 가지 주의 깊게 생각해야만 하는 문제가 있습니다. 그것은 곧 하나님 나라와 관련한 예수의 치유 개념을 너무 좁게 이해하는 것입니다. 바로 이런 편협한 이해로부터 많은 문제들이 발생하고 불건전한 신앙이 싹틉니다. 여기서 치유란 전 포괄적인 의미로 이해해야 합니다. 사단이 우리의 죄의 대가로 주는 죽음은 여러 가지 증상들로 나타납니다. 이 증상들이 육신의 병고로만 나타나지 않고 여러 심리적 병들, 관계에 있어서의 갈등, 경제적 빈곤, 정치적 억압, 심지어는 자연의 재해로도 나타납니다. 우리가 실존에서 겪는 온갖 고난들이 다 사단이 가져다준 죽음의 증상들입니다. 그러므로 하나님의 구원의 통치가 가져오는 치유도 꼭 육신의 병고를 제거하는 것만으로 이해해서는 안 되고, 이런 모든 고난들의 해소로 이해해야 하는 것입니다.

그런데 보통 신자들은 하나님의 치유를 육신의 병고 제거에만 국한해서 이해합니다. 이런 제한된 이해로 인해 두 개의 상반된 신학적인 경향이 나타납니다. 하나는 오순절 신학입니다. 이들은 성령의 힘을 빌어 귀신을 쫓아내고 육신의 병고를 치유하는 일을 강조합니다. 치유를 육신의 병고 제거로만 생각하기 때문에 그런 치유만 추구합니다. 그래서 병자들을 안수하고 기도해서 "기적적으로" 치유하려고 애씁니다. 오순절적 신학을 따르는 사람들 가운데 일부는 병원에서 의사가 하는 치유는 하나님이 아닌 인간의 치유라 하여 그것을 배격하고, 오로지 기도와 안수를 통한 병자 치유만이 하나님, 즉 성령의 역사라고 보기도 합니다. 특히 심리적 또는 정신적 질환에 대해 더욱 이렇게 생각하여 병자들을 병원에 보내지 않고 기도원에 보내어 귀신 쫓는 기도와 안수로만 치유하려 하다가 병을 악화시키는 예가 비일비재합니다. 이런 신학과 신앙을 가진 사람들은 기도와 안수를 통한 축귀와 치병에 대해 갈수록 과장된 주장을 하게 되어 있고, 급기야는 허황된 주장까지 하게 됩니다. 이런 신앙을 가진 사람들은 모든 병고들을 귀신들과 1:1로 직결시켜서 보기 때문에 온갖 곳에서 귀신들을 보고 온통 귀신들에 대한 두려움에 사로잡혀 살게 됨으로써 하나님 나라의 백성, 곧 하나님의 자녀들이 마땅히 누려야 할 자유와 평안을 누리지 못합니다. 이런 신앙은 결국 극단적인 미신에 사로잡히게 합니다.

오순절 신학의 이러한 부작용에 대해 반발하여 지성의 전통을 존중하는 개혁(장로교) 신학은 또 반대편의 극단으로 흐르는 경향이 있습니다. (실제로 한국에 있어서 많은 장로교 신자들은 뚜렷한 개혁 신학의 전통에 서있기보다는 더러 오순절식 신앙의 영향을 받기도 하였으므로 그들에게는 해당되는 말이 아니다). 개혁 신학은 성령의 기적적인 치유 역사가 더 이상 존재하지 않는다고 봅니다. 실제로 20세기 초 장로교 신학을 대표했던 프린스턴 신학교의 B. B. Warfield 교수는 그의 책 『거짓 기적들』에서 오순절 교회의 기적적 치유의 주장이 다 거짓말이며, 더 이상 성경에 기록된 것과 같은 성령의 역사를 통한 병자 치유는 없다고 주장했습니다. 성령의 기적적 치유는 예수님과 사도들에게만 허락된 사역으로서, 그것은 처음으로 교회를 세우는 사도 시대에 복음의 진리됨을 증명해서 사람들로 하여금 믿음에 이르도록 하기 위한 "이적"이었다는 것입니다. 그러나 사도적 복음이 오래 선포되어 교회가 굳건히 세워진 오늘날에는 하나님께서 더 이상 성령의 이적들을 통해 역사하실 필요가 없어 오로지 말씀으로만 역사하신다는 것입니다.

Warfield의 이 견해가 개혁신학의 주된 견해였으나, 그 관점을 가진 사람들 중에서 더러 선교사들이 오지에서 귀신들을 쫓아내고 기도와 안수로 병자를 치유하는 것을 체험했다고 주장하는 것을 보고 그 관점을 약간 수정하려는 사람들도 있었습니다. 이 수정주의자들은 오늘날도 그리스도의 복음이 처음 선포되어 교회가 처음 서게 되는 선교지는 사실상 사도 시대의 상황의 재현이라는 점에 착안했습니다. 그래서 그런 선교지들에서는 사람들로 하여금 복음을 믿도록 하기 위해서 성령이 다시 한번 이적적으로 역사하셔서 축귀와 병고의 치유가 일어나기도 한다고 주장했습니다. 그러나 일단 복음이 확실히 선포되어 교회가 선 곳에서는 더 이상 성령이 그런 역사를 하지 않는다는 것입니다. 그러므로 그런 성령의 이적적 역사가 서양 교회에서는 더 이상 안 일어나고 다만 교회가 굳건히 세워지지 않은 선교지들에서나 일어난다는 것입니다.

그런데 이런 식의 견해를 취하는 개혁 신학은 하나님의 통치가, 또는 하나님의 통치를 대행하는 예수 그리스도의 주권이 성령을 통해 가져다주는 구원을 추상화하고 관념화하는 경향이 있습니다. 그럴 경우 그리스도의 구원은 단지 머리 속의 생각으로만 아는 것이지 우리가 우리의 실존의 모든 영역들에서 지금 체험하는 것이 아니게 됩니다. 종말에 또는 하늘에서 우리의 영혼이 안녕을 얻는 것 정도로만 이해하게 되는 것입니다. 이렇게 구원 개념을 관념화하고 미래로만 연기해버리는 것은 분명 예수의 하나님 나라의 복음과 어긋납니다. 예수는 자신의 치유의 사역을 증거로 대면서 하나님 나라가 이미 왔다고 하고, 하나님 나라의 구원을 육신의 병고의 치유로 체험할 수 있다고 하지 않았습니까? 그러기에 성령의 기적적 역사를 단지 복음의 말씀을 믿음직하게(authentication) 하기 위한 "이적"으로만 보는 것도 옳지 않습니다. 그것은 그런 기능을 훨씬 넘어서 예수 그리스도를 통하여 온 하나님 나라의 구원의 실제화이기 때문입니다.

이와 같이 오순절 신학은 신앙을 미신화하는 위험을 가지고 있다면, 개혁 신학은 구원을 관념화하고 미래화만 하는 위험을 가지고 있습니다. 양자 모두 예수와 사도들의 가르침에 어긋납니다. 둘 다 성령의 치유 역사를 육신의 병고 제거에만 제한하여 너무 좁게 이해한 데서 발생하는 문제들입니다.

치유를 전 포괄적으로 이해해야 합니다. 치유란 부정적으로 말하면 모든 고난의 제거, 긍정적으로 말하면 우리를 온전케 함입니다. 우리 실존의 모든 영역들에서 고난을 제거하고 온전케 하는 것으로 이해해야 합니다. 그래서 하나님 나라의 치유가 육신의 병고 제거뿐만 아니라, 갈등의 제거, 경제적 빈곤의 제거, 정치적 억압의 제거 등과 같이 전 포괄적으로 나타난다고 생각해야 합니다. 실제로 하나님 나라의 복음을 받아들인 사람들은 하나님과의 올바른 관계를 회복해서(죄용서; 의인됨), 하나님께 의지하고 순종하는 관계로 들어가게 됩니다. 사단의 나라에서의 아담적 실존은 자신의 결핍성을 해결하기 위해 이웃에게 자기주장하고 이웃의 자원을 착취하는 것입니다. 이것은 필연적으로 갈등을 낳고, 갈등이 가져오는 모든 고난들을 겪게 하며, 약육강식의 불의와 압제를 낳게 됩니다. 그래서 누구는 너무 가난하여 비인간화하는 반면, 누구는 너무 많이 먹어서 고난을 받습니다. 그러나 하나님의 통치를 받는 사람들은 하나님께 의지하고 순종하며 이웃을 사랑하므로 하나님과 화평(샬롬)이 있듯이 이웃과도 샬롬을 이룹니다. 그런 사람들의 공동체에서는 부가 비교적 공정히 재분배되어 사회적/경제적 정의가 있고, 정치적 자유가 일어납니다. 이런 사람들은 갈등에서 오는 스트레스를 적게 느껴 정신적으로도 건강하고 신체적으로도 건강하게 됩니다.

예수께서 하나님 나라를 선포하면서 가장 많이 한 치유는 사실 이런 치유였습니다. 곧 죄인들을 회개시켜 하나님의 통치를 받게 하고 그리하여 그들로 하여금 하나님과 이웃과 샬롬의 상태 속에서 살게 한 것입니다. 신약의 복음서들은 예수께서 몇 병자들을 신체적으로 치유한 사건들을 부각(close-up)시키는 경향을 나타냅니다. 그것은 예나 지금이나 신체적 병고가 고난의 가장 절실한 예들이고, 그것의 제거가 치유의 가장 효과적인 시위이기 때문입니다. 그러나 복음서들을 자세히 보면, 예수의 하나님 나라 선포를 통한 구원의 사역은 몇 명의 신체적 불구자들을 치유하는 것에 국한되는 것이 아니라, 주로 죄인들을 사단의 통치에서 불러내어 하나님의 나라에로 들어가도록, 그리하여 그들의 삶이 온전케 되도록 하는 것이었습니다(막 2:17; 눅 19:10). 예수께서 사단의 통치 아래 맘몬이즘의 우상 숭배에 빠져 남을 착취함으로써 남에게 고난을 가져다주고 자신도 고난 받는 세리 삭개오에게 하나님 나라의 복음을 선포하여 그로 하여금 "구원"을 얻게 한 사건을 누가는 예수의 죄인들에 대한 구원(곧 치유) 사역의 예로 특별히 부각시킵니다(눅 19:1-10). 이렇게 "구원"을 받은 삭개오는 하나님과의 화평, 그리고 이웃과의 화평으로 그 구원을 구체적으로 체험하게 됩니다. 그의 하나님과 이웃에 대한 미움과 두려움은 제거되어, 이제 그는 화평과 자유를 느끼게 된 것입니다. 이런 사람은 신체적으로도 건강하게 됩니다. 삭개오는 이렇게 "치유" 된 것입니다. 이렇게 우리의 삶의 모든 영역들에서 고난이 제거되고 우리의 삶이 온전케 됨이 하나님의 통치가 가져오는 구원이요 치유입니다. 이 구원/치유는 우리가 하나님의 통치를 받을 때 일어납니다.

뒤에서 보겠지만 하나님의 나라(통치)는 우리에게 구체적으로 사랑의 이중 계명(하나님에 대한 혼신을 다한 사랑 그리고 이웃에 대한 내 몸 같이의 사랑)의 요구로 옵니다. 그러므로 하나님 나라에 속한다는 것, 또는 하나님의 통치를 받는다는 것은 실제로 사랑의 이중 계명을 지킨다는 것입니다. 우리가 사랑의 이중 계명을 지킬 때, 만인의 인권도 보장되고, 사회적/경제적 정의도 일어나고, 평화와 자유도 확대되어 우리의 삶이 건전해지고 또 온전해지는 것입니다. 이것이 하나님 나라의 구원의 현재적 모습이고, 하나님 나라의 치유인 것입니다. 그런데 우리는 오로지 성령의 역사에 힘입어서만 사랑의 이중 계명을 지킬 수 있습니다. 즉 하나님의 통치를 받을 수 있습니다. 하나님께 전적으로 의지하고 순종하며 살 수 있습니다. 그러기에 하나님 나라의 치유는 성령이 우리로 하여금 하나님의 통치를 받게 함으로써, 곧 사랑의 이중 계명을 지키게 하고 또 지킬 수 있게 함으로써 오는 치유입니다. 그러므로 예수의 육신의 병고 치유도 성령의 능력으로 된 것이지만, 그의 죄인들을 치유하여 온전케 함도 성령의 능력으로 한 것입니다.

하나님의 통치의 성령을 통한 치유를 이렇게 포괄적으로 이해하면, 우리는 그것을 꼭 축귀와 병고 제거에서만 추구할 필요가 없게 됩니다. 도리어 축귀와 병고 제거가 성령의 포괄적인 치유 역사의 한 작은 부분에 불과함을 알게 되고, 성령의 치유의 역사가 어떻게 보다 폭넓게 인권의 증진, 사회적/경제적 정의와 평화 그리고 정치적 자유의 확대, 문화적 건강의 확보, 환경의 건강 확보 등으로 나타나는가에 관심을 갖게 됩니다. 예수 그리스도를 통해 이미 임한 하나님의 통치가 성령의 힘으로 우리의 삶의 모든 영역에서 어떻게 죽음의 세력을 몰아내고 생명을 일으키는지(우리의 삶을 "치유"하는지)에 관심을 가지면, 우리의 신앙은 오순절 신학과 같이 오로지 질병을 "기적적"으로 제거하는 것만 추구하는 나머지 미신화하는 것도 피하고, 전통적 개혁 신학과 같이 추상화되고 관념화되어버리는 것도 피할 수 있습니다. 이와 같이 성령의 역사를 주로 질병의 치유와 관계해서만 보려는 오순절 신학도 교정되어야 하고, 반대로 성령은 더 이상 질병의 "기적적" 치유 같은 역사는 하지 않는다고 하는 전통적 개혁 신학도 교정되어야 합니다. 하나님의 통치는 우리의 삶의 모든 영역들에서 일어나는 것이지, 꼭 개인의 심신의 건강의 영역에서만 일어나는 것이 아닙니다. 반면에 하나님은 그의 주권자적 자유하심으로 예나 지금이나 피조 세계 전체에 걸쳐 자신의 영(성령)을 통하여 구원을 이루어 가시고 그 구원을 현재적으로 치유로 나타나게 하시기 때문에, 오늘날도 간혹 우리의 심신의 영역에서도 우리의 기도에 응답하셔서서 "기적적으로" 치유를 가져오신다는 것을 구태여 부인할 필요가 없습니다.

누가 과연 절대 주권자이신 하나님의 영의 역사를 제한할 수 있겠습니까? 누가 감히 이제는 성령이 더 이상 우리의 심신의 "기적적" 치유를 일으키지 않는다고 주장할 수 있겠습니까? 반면에, 누가 감히 성령은 오로지 심신의 영역에서만, 기도와 안수를 통해서만, 그리고 "기적적으로"만 역사하신다고 주장할 수 있겠습니까? 왜 성령은 인간으로 하여금 인체에 대한 지식을 얻고, 그 지식을 응용하여 질병을 치유하게 하는 방법으로, 곧 의술을 통하여 치유가 일어나도록 하지는 않는다고 보아야 하느냐 말입니다. 모든 참된 것, 모든 선한 것, 모든 아름다운 것은 하나님으로부터 옵니다. 그러므로 모든 치유는 궁극적으로 하나님께로부터 오는 것입니다. 그렇지 않다는 주장은 다신론자나 무신론자만이 할 수 있습니다. 한 하나님, 유일한 창조주이시요 구원자이신 한 하나님을 믿는 자들은 이 하나님 외의 또 다른 진리와 선과 구원의 원천을 생각할 수 없습니다. 그러므로 의사의 투약과 수술을 통한 치유도 궁극적으로는 하나님의 역사로 보아야 합니다. 하나님의 영은 심지어 불신자 의사도 사용하십니다. 불신자 의사도 성령의 일반 계시와 일반 은총에 힘입어 의술을 터득하고 시행하기 때문입니다. 이 이치를 모르고, 성령은 오로지 기도와 안수를 통해서 이른바 "기적적인" 방법으로만 치유하신다고 믿고, 의술은 단지 인간적인 치유일 뿐이라 생각하여, 병자들, 특히 정신병자들을 병원에 보내지 않고 기도원에 보내어 도리어 낭패를 보는 안타까운 미신적 신자들이 우리 한국에는 너무도 많은 것 같습니다.

성령은 또 상담자에게도 지혜를 주시어 사람의 콤플렉스를 제거하고 갈등을 해소하여 그 사람을 치유하고 그 사람과 다른 사람들의 관계를 치유하십니다.[1] 성령은 위정자들

---

[1] 요사이 칼빈 신학을 근본주의적으로 따른다고 주장하는 사람들 중 어떤 이들은 기독교 상담가는 오로지 "성경적 상담"만 해야 된다면서 성경에서 그들이 터득했다는 몇 가지 신학적인 원칙들을 따르고 성경 말씀들을 직접 인용하면서만 상담을 해야지, 심리학이나 사회학 등 이른바 세속 학문들에서 얻은 통찰력들을 활용하면 안된다고 주장하여 많은 혼란과 해악을 가져오는 모양이다. 이러한 견해는 성경과 신학에 대한 무지의 소치이고 그들이 추종한다는 칼빈의 가르침에도 어긋나는 것이며, 자기모순적인 것이기도 하다. 성경은 근본적으로 하나님의 구원의 복음을 선포하는 책이지 무슨 교본이 아니다. 상

에게 국민의 인권을 증진하고 사회 정의와 평화를 증진하는 정치와 행정을 펴도록 하여 개인과 사회에 치유를 가져오십

담의 교본도 아니고, 교육학의 교본도 아니고, 리더십 교본도 아니다. 때문에 성경에서 직접적으로 상담의 모든 원리들과 기법들을 도출할 수는 없는 것이다. 물론 성경의 가르침을 잘 해석하여 기독교적 세계관, 인생관, 가치관을 얻고, 그 기준들에 맞추어 하나님과 이웃과 올바른 관계를 맺으며 살도록 도와주는 것이 기독교적 상담가의 기본적인 자세이다. 이것을 위해서는 높은 수준의 해석학적 작업을 해야 하는 것이다. 뿐만 아니라 사람들의 구체적인 삶의 문제들의 복잡성을 제대로 이해하고 그들의 에너지를 제대로 발휘하게 하여 그 문제들을 극복해가도록 돕기 위해 심리학이나 사회학이나 또는 예술을 통하여 얻은 통찰력들도 앞서 언급한 신학적 원칙들과 잘 융합하여 활용해야 한다. 이 융합의 과정 중 기독교적 관점과 배치되는 심리학이나 사회학 이론 등은 비판적으로 걸러내야 함은 물론이다. 오로지 "성경적 상담"만을 고집하는 사람들 (이런 사람들을 Biblicists라 함)은 하나님의 일반계시와 일반 은총에 대한 성경의 가르침을 무시함으로 해서 스스로 성경에 거스르는 일을 할 뿐 아니라, 칼빈을 따른다면서도 모든 진리는 하나님의 것이라고 적절히 선언한 칼빈의 가르침에도 어긋난 일을 하는 것이다. 그런 사람들도 아프면 약도 먹고 의사에게도 찾아가는 등 의학을 활용하며, 과학적으로 시공한 아파트에서 편안히 앉아서 과학의 산물들인 전기, 전화, 컴퓨터를 활용하고 모짜르트의 음악도 즐기고 텔리비전으로 각종 정보도 얻고 자동차도 타고 다니며, 사회학, 심리학, 정치학, 경제학, 경영학, 행정학 등이 개발한 이론들에 따라 이루어 놓은 현대의 민주 복지 사회의 혜택을 단단히 누리면서 산다. 그러면서도 사람들의 문제들을 이해하고 그들을 돕는 상담에 있어 이런 과학들이 제공하는 통찰력과 편리를 이용하면 안된다고 하는 자기모순은 얼마나 어리석은 것인가?! 우리 그리스도인들이 하루 빨리 성경말씀을 율법주의적, 주술적으로가 아니라 올바로 해석할 줄 아는 신학적 성숙에 이르기를 절실히 바란다.

니다. 성령은 특히 목사의 "복음" 선포를 사용하여 낙담한 자들에게 새로운 삶의 용기를 주고, 남을 착취하는 삭개오 같은 죄인들을 회개시켜 이웃을 사랑하게 하며, 위정자들이나 사업가들에게 하나님을 경외하고 이웃을 사랑하는 정치를 하고 사업을 하도록 하여 사회적 샬롬을 확대하는, 그런 치유들을 많이 하십니다. 낙담하여 자살하려는 자에게 목사나 상담자가 하나님의 사랑의 복음을 잘 설명하여 그에게 새로운 삶의 용기를 주는 것은 죽은 자를 살리는 것이 아닙니까? 그것은 어느 기도원에서 기도로 암환자를 치유하는 것과 무엇이 다릅니까? 히틀러나 스탈린 같은 자 한 사람을 회개시키는 것과 어느 기도원에서 기도와 안수로 암환자 1,000명을 치유하는 것 중 과연 어느 것이 더 큰 치유의 역사입니까?

하나님 나라의 복음을 제대로 선포하면 (포괄적인 의미로의) 치유가 일어나게 되어 있습니다. 그 치유는 하나님 나라의 구원의 현재적 시위 또는 현재화(actualization)입니다. 이런 신학적 이해가 없는 신자들은, 심지어는 목회자들까지도, 종종 "말씀만 선포하니 힘이 없어, 성령의 충만을 받아 축귀와 치병의 힘 있는 사역을 해야겠어" 등의 소리를 하곤 합니다. 앞에서 누누이 말했지만 (이른바 "기적적인" 방법으로의) 축귀와 치병은 어마어마한 성령의 역사 가운데 조그마한 한 부분에 불과하고, 예수와 사도들의 사역에 있어서도 조그마한 한 부분에 불과했습니다. 특별히 그것들을 할 수 있는 은사를 받은 소수가 예외적인 경우에 하는 것입니다. 그런데 그것만을 성령의 능력이 나타나는 치유의 사역으로 오해하는 목회자라면 그는 제대로 설교하고 제대로 상담하여 위에서 예를 든 바와 같이 성령의 치유의 능력이 자신의 설교와 상담을 통해 활발히 나타나도록 할 가능성은 희박합니다. 그런 목회자는 복음이 무엇인지도 잘 모르고 "설교"할 뿐 아니라, 그런 목회자의 "설교"는 듣는 이들에게 아무런 변화(치유)도 일으키지 못하고 말 것입니다. 그런 목회자의 "말씀"이 힘이 없는 것은 자명한 이치입니다. 그러므로 그런 목회자는 성령이 설교를 통해서는 역사하지 않는다는 신학적 오해를 빨리 해소하고, 성령의 영감과 능력을 힘입어 복음을 올바로 선포함으로써 성령의 치유의 능력이 그 설교를 통해 나타나도록 해야 할 것입니다.

다. 안식일에 치유하심

치유의 문제는 보다 자세한 이해가 필요합니다. 치유와 관련해서 생각할 때 특이한 것은 예수께서 안식일에 병자들을 치유하셨다는 것입니다. 네 복음서들에 공히 예수께서 바리새인들과 서기관들과 첨예하게 대립한 것이 바로 안식일에 치유한 것입니다. 그래서 우리는 다음과 같은 질문을 할 수 있습니다. "왜 예수는 그의 반대자들의 비판에도 불구하고 안식일에 치유를 하려고 하였을까?" 우리는 안식일에 치유한 예수의 의도와 그것의 신학적 의미를 헤아릴 수 있어야 합니다.

우선 안식일의 의미를 생각해보겠습니다. 구약에서는 안식일이 처음 6일간의 창조를 마친, 완성된 창조를 즐기고 기념하는 날입니다. 완성된 창조는 심히 좋은 상태에 있었습니다. 바로 이 "심히 좋은" 창조를 즐기고 기념하는(celebration) 날(창 2:1-3; 출 20:11)이 안식일입니다. 창조가 완성됨으로써 생명이 충만한 상태의 쉼과 즐김이 있게 되었습니다. 그런데 사단의 사주를 받은 아담이 자신에게 하나님 노릇하겠다고 해서 자신의 내재의 자원으로 자신의 삶을 확보하는 상황이 벌어졌습니다. 아담이 하나님의 안식 상태에 있지 않고, 자신의 지혜와 능력을 써서, 곧 "일"을 하여 자신의 안녕과 행복을 확보하게 되었습니다. 자신의 자원을 동원해서 "일"을 하여 자신의 생명을 지탱하고 확대하는 존재 양식을 시작한 것입니다. 농사를 짓고 그 열매로 생명을 지탱하고 확대하는 일을 합니다. 이것이 바로 아담이 자신에게 스스로 하나님 노릇하는 것입니다.

인간의 일은 문명을 낳습니다. 그런데 인간의 문명은 양면성을 지닙니다. 분명 생명을 확대하는 면이 있습니다. 그러나 동시에 생명을 확대하는 만큼 죽음도 확대시킵니다. 다시 말해 인간은 삶을 확대하기 위해 일을 하지만, 인간의 일은 죽음도 동시에 확대하고 맙니다. 과학적인 지식을 생산 기술에 응용해서 소비재를 폭발시켜 우리의 삶을 풍요롭게 하고 편리하게 한 산업혁명은 우리들의 삶을 얼마나 확대하였습니까?! 교통과 통신 수단들의 발달은 우리를 얼마나 공간적 시간적 제약으로부터 해방시켜주었습니까? 그러나 소비재를 폭발시켜 우리의 삶을 풍요롭게 한 산업 혁명은 동시에 인간의 가치를 물질화시키고 인간성을 황폐화시켰으며, 엄청난 공해로 우리에게 죽음도 확대시키고 말았습니다. 예를 들어 오늘날 누구나 들고 다니는 휴대폰을 생각해봅시다. 이것은 우리에게 공간/시간적 제약으로부터 많은 자유를 가져다줍니다. 그러나 이것이 동시에 우리를 얼마나 속박합니까? 기계문명과 과학기술의 발전은 온갖 종류의 도청 장치 등이 개발되는 데도 사용되고 있고, 그래서 심지어 인간 뇌 속의 생각도 꿰뚫어 볼 수 있는 장치도 고안될 것이라는 두려움을 낳고 있습니다. 그렇게 된다면, 우리는 우리의 안방에서도 자유롭게 얘기할 수 없을 뿐더러, 우리의 머리 속에서도 자유롭게 생각할 수 없는 날이 올 지도 모르겠습니다. 우리의 자유를 확대하는 통신 수단의 발달이 동시에 우리를 속박하는 것이 되고 있다는 말입니다. 이렇게 인간의 일은 생명과 죽음을 동시에 확대하는 변증법적인 것입니다.

인간의 일이란 죽음의 그림자가 드리워져 있지 않은 채 생명의 측면만을 확대할 수가 없습니다. 인류의 문명사를 생각해보십시오. 인간은 생명을 확대하리라는 기대를 가지고 열심히 일을 해왔습니다. 그러나 오늘날 이 시점에 이르러 나타나고 있는 그 결과는 무엇입니까? 물론 엄청난 풍요와 안락이 주어졌습니다. 그러나 동시에 우리는 비인간화와 공해, 그리고 첨단 무기의 위협에 직면해 있지 않는가 말입니다. 한국 남성 40대 사망율이 전 세계에서 가장 높다고 합니다. 왜 그렇습니까? 가난에서 벗어나 잘 살아보려고 '죽어라고' 일하다가 실제로 죽어버렸기 때문이라고 합니다.

이 때문에 문명을 극단적으로 거부하는 낭만주의적 운동이 주기적으로 발생하는 것을 봅니다. 낭만주의자들은 '자연으로 돌아가자'는 구호를 외쳐댑니다. 20세기에 나타났던 커다란 문명 거부 운동이 바로 1960-70년대의 히피운동입니다. 과학 발전과 산업 혁명이 생명을 확대하기보다는 비인간화, 공해, 무기 양산과 전쟁 등을 초래하는 것을 비판하면서, '자연으로 돌아가자'는 운동이었습니다. 그러면 일을 하지 않고 자연으로 돌아가면 구원이 주어지는 것입니까? 그렇지 않습니다. 인간은 이제 진퇴양난의 위기에 처해 있습니다. 타락의 구조 속에 있는 인간으로서는 일을 해야만 생명을 확대할 수 있습니다. 그러나 일을 하면 생명만 확대되는 것이 아니라, 불행히도 현실에서는 죽음도 확대됩니다. 인간이 바로 이러한 타락의 구조와 그 딜레마에 빠져 있는 것입니다.

이 딜레마에서의 해방은 오로지 인간이 다시 한번 하나님의 하나님 노릇해주심에 힘입어 살 때, 즉 창조주 하나님의 초월의 무한에 참여할 때 이루어집니다. 인간더러 이것을 깨닫고 그 깨달음에 따라 살도록 하기 위해 하나님께서 제4계명(안식일을 지키라)을 주셨습니다. 그러므로 안식일을 지킨다는 것은 궁극적으로 태초의 하나님의 통치를 인정한다는 것을 의미하며, 그분의 통치 아래서의 생명이 충만한 상황 속에서의 안식을 기념하고, 동시에 종말에 있을 새 창조 때의 안식의 회복을 희구하라는 것을 뜻합니다. 그러므로 안식일을 지키는 것은 인간 스스로가 스스로에게 하나님 노릇하는 것에 대한 반성입니다. 즉 자신의 일로 자신의 존재 의미와 안녕과 행복을 확보하겠다는 삶의 자세에 대한 반성인 것입니다. 왜냐하면 그런 아담적 삶의 자세가 바로 결국 하나님과 이웃 그리고 환경과 갈등을 일으키며, 삶을 확대하는가 하면 도리어 죽음을 확대하기 때문입니다. 인간의 원래 존재 방식은 창조주의 은혜에 의지하고 순종하는, 즉 하나님의 통치를 받는 삶입니다. 이것이 진정한 삶입니다. 안식일은 태초에 있었던 바로 그런 삶을 기념하는 것입니다. 그리고 사단의 통치 아래 하나님께 반항하고 자기를 주장하는 삶의 방식이 종식되는 새 창조 때에 있을 삶의 회복을 희구하는 날이 바로 안식일입니다.

따라서 안식일은 아무 것도 하지 않는 날이 아니라, 생업을 중단하는 날입니다. 생업, 곧 나의 일로 나의 생명을 확대하겠다는 노력을 중단하는 것입니다. 생업을 중단하고 자신의 안녕과 행복이 오로지 창조주 하나님께로부터 온다는 신앙을 고백하고, 하나님의 뜻에 순종할 것을 다시 천명하는 것입니다. 그러나 인간은 재창조가 완성되는 종말까지는 계속되는 타락의 구조 속에서 존재하기 때문에 일을 하지 않고서는 살지 못합니다. 일을 하지 않고서는 자신의 생명을 지탱할 수 없습니다. 그럼에도 인간의 일은 죽음의 그림자가 없는 진정한 생명만을 가져다주지 않습니다. 그러므로 이 타락의 구조 속에서 엿새 동안은 우리의 생명을 지탱하고 확대하기 위해 일을 할지라도, 궁극적으로 우리에게 생명을 가져다주는 것은 오로지 창조주 하나님의 은혜임을 깨달아, 하루는 그런 아담적 삶의 자세를 중단하고, 태초의 하나님의 은혜 가운데서 사는 것입니다. 곧 안식하는 것입니다.

안식일에 우리의 일로 우리의 진정한 생명을 확보할 수 없음과 오로지 하나님의 은혜에 의해서만 그것을 확보할 수 있다는 신앙을 재확인하는 사람은 앞으로 오는 엿새 동안 비록 일을 하면서 살아야 하는 구조 속에서도 하나님께 의지하고 순종하면서 살겠다고 다짐하게 됩니다. 이런 사람은 자신의 일을 절대화하거나 우상화하지 않고 하나님께 의지하고 순종하는 자세로 자신의 일을 상대화하면서 살게 됩니다. 그래서 죽어라고 일하다가 죽는 현상도 벌어지지 않고, 자신의 일로 남에게 죽음을 가져오는 상황도 유발시키지 않습니다.

자신의 안녕과 행복을 확대하려고 자신의 일을 절대화하고 우상화는 사람은 이웃을 착취하게 되기 쉽습니다. 자신의 일로 자신의 부와 권력을 많이 확보해야 자신의 안녕과 행복을 확대할 수 있다고 생각하기 때문입니다. 사람들이 다 이런 자세로 살면 결국 사회는 만인이 만인에게 늑대 노릇하는, 억압과 착취의 불의한 사회가 되어 모든 구성원들이 다 고난을 받게 됩니다. 죽음이 그만큼 확대되는 것입니다. 이것이 오늘날 우리 사회의 모습이 아닙니까? 반대로 사람들이 안식일을 지키면서, 곧 자신의 안녕과 행복이 하나님으로부터 온다고 고백하며 자신의 일을 상대화하면서 다가오는 엿새를 살면, 타락의 구조 속에서 비록 일을 피할 수는 없지만, 어느 정도의 균형을 이루면서 하나님을 의지하며 이웃을 사랑할 수 있는 여유를 갖게 되고, 환경도 돌볼 수 있게 되는 것입니다. 그러면 당연히 부도 비교적 공정하게 재분배되고, 사회 정의와 평화도 확대되며, 환경 파괴도 적어지게 됩니다. 이런 삶이 바로 안식일을 지키는 삶입니다. 따라서 안식일을 지키는 일은 생명을 북돋우는 일을 하는 것입니다.

오늘날과 같이 복잡한 산업화, 정보화 사회에서는 옛 농경사회와 같이 안식일을 우리가 지금 획일적으로 쓰고 있는 그레고리 월력의 주일에 지킬 수는 없습니다. 다수는 여전히 그레고리 월력의 주일에 안식일을 지킬 수 있겠지만, 이웃과 공동체의 삶을 돕기 위한 당직 공무원들, 발전소의 당직 기사들, 당직 의사들 등 그 날 일을 하지 않으면 안 되는 사람들도 있습니다. 그들을 위해 교회는 토요일이나 월요일에 하나님을 예배하고 안식일을 지킬 수 있도록 배려를 해야 할 것입니다. 안식일에 대한 신학적 이해 없이 율법주의적으로 이해해서 그레고리 월력의 주일만 고집한다든지 움직이지 않는 날이라고 생각하는 것은 옳지 않습니다.

안식일은 활동하지 않는 날이라고 생각한 바리새인들과 서기관들은 예수가 안식일에 병자들을 치유하는 것을 심히 비난했습니다. 그럼에도 불구하고 왜 예수는 안식일에 병자들을 치유하는 일을 고집하였습니까? 그것은 한마디로 자신이 선포하는 하나님 나라의 현재적 실현을 실증하기 위해서였습니다. 즉 종말에 올 구원(안식)의 현재적 선취(先取)를 시위한 것입니다.

이 세상에 대한 사단의 통치가 끝나는 종말에 하나님의 통치가 이루어지면, 그것은 태초의 창조가 회복되는 것입니다. 아니, 옛 창조의 회복을 넘어, 옛 창조보다 더 완벽한 새 창조가 이루어지는 것입니다. 그러므로 그 때는 당연히 죄와 죽음이 완전히 제거된 하나님의 생명으로 충만한 때입니다. 그러므로 그 때는 첫 창조 때와 같은, 또는 그 이상의 진정한 "안식"이 있게 됩니다. 그러므로 안식일은 종말에 있을 하나님 나라의 구원에 대한 예표이며, 안식일을 지키는 일은 태초의 생명의 충만함 가운데서의 안식을 기념하며 종말, 곧 새 창조 때의 생명의 충만함에 대한 희구이기도 했습니다.

예수는 사단의 죄와 죽음의 통치를 꺾고, 바로 이러한 생명의 충만함을 가져올 하나님의 통치를 선포하는 분입니다. 이 하나님의 나라(통치)가 임박했다고 선포하고, 자신의 사역에서 벌써 실현되고 있다고 선포한 것입니다. 그 증거로 그는 사단의 통치가 가져온 죽음의 증상인 병고를 제거하여 생명을 회복하는 것, 곧 치유를 들었습니다. 그러므로 예수는 사단의 통치 이전의 생명의 충만함 가운데서 있었던 태초의 안식을 기념하며 사단의 통치가 종식되는 종말, 곧 새 창조 때 생명의 충만 가운데 있을 안식을 희구하는 안식일에 병자를 치유함으로써 이제 사단의 죄와 죽음의 통치가 극복되고 하나님의 구원 통치가 회복되어 드디어 진정한 안식이 있게 되었다는 것을 극적으로 보여주려는 것입니다. 곧 종말에 진정한 안식을 가져올 하나님의 나라(통치)가 벌써 시작되어 (질병으로 그 증상을 나타내는) 죽음이 극복되고 생명이 일으켜지게 되었다는 것을 시위하고자 한 것입니다.

복음서를 보면, 한번은 안식일에 회당에 모여 예배하는 무리 가운데 손 마른 자가 나타났습니다(막 3:1-6). 이것이 의미하는 바가 무엇입니까? 태초의 생명의 충만함 가운데서의 안식을 기념하며 동시에 새 창조 때의 생명의 충만함 가운데 있을 안식을 희구하기 위해 안식일 예배로 모였습니다. 이 예배 중에 손 마른 자의 등장은, 하나님 보시기에 좋다고 하신 창조의 완성과 완성될 하나님의 안식에 대한 흥분된 기대 그 한가운데서 그 안식과는 정반대되는 현실이 있음을 극적으로 드러내주는 것입니다. 회당 예배 가운데 죽음의 증상인 손 마름의 '고난'을 가진 자가 나타났습니다. 그것은 아직도 사단의 죄와 죽음의 통치가 계속되고 있다는 안타까운 현실을 확인시키고 있으며, 그러므로 하루빨리 하나님의 생명의 통치가 이루어져 그런 고난이 없는, 생명이 충만한 가운데 참 안식이 있어야 함을 웅변하고 있는 것입니다. 예수는 안식일에 이 사람을 치유함으로써 하나님의 생명의 통치가 벌써 실현되기 시작되었으며, 그리하여 사람들이 희구하는 종말의 참 안식이 실현되기 시작했다는 것을 보여줌과 동시에 자신이 바로 이러한 하나님의 통치와 안식을 가져오는 존재라는 것을 보여주시고자 한 것입니다. 이것을 가장 효과적으로 시위하기 위해 예수는 안식일에 병자들을 치유한 것입니다.

Chapter 3
하나님 나라는 언제 오는가?

예수께서는 하나님 나라를 미래에 올 것으로 가르치기도 하고, 현재 자신의 사역, 특별히 안식일에 행하는 치유 사역을 통해 실현되는 것으로 가르치기도 했습니다. 그래서 20세기 초반에는 학자들이 예수가 시간적으로 하나님 나라가 장차 오는 것으로 보았는지, 아니면 이미 이루어진 것으로 보았는지에 대한 문제, 즉 예수의 종말론에 관한 문제를 많이 토론했습니다.

J. Weiss와 A. Schweitzer 등으로 대표되는 "철저한 종말론(Konsequente Eschatologie; Thoroughgoing Eschatology) 학파"의 학자들은 예수가 유대 묵시 문학의 영향 아래 하나님 나라가 임박한 미래에 올 것으로 가르쳤다고 주장했습니다. 이들은 공관복음들에서 하나님 나라의 미래적 도래에 관한 예수의 말씀들과 "인자"의 미래적 오심에 관한 말씀들만 중요시한 것입니다. 이에 반해 C. H. Dodd와 그의 추종자들은 예수는 하나님의 나라가 자신의 사역을 통해 이미 실현되고 있다고 보았음을 강조하면서, 이른바 "실현된 종말론"(Realized Eschatology)을 주장했습니다. 그들은 공관복음서들에서 하나님 나라의 현재적 실현에 관한 예수의 말씀들만을 중시했습니다.

이 두 학파들 사이의 토론을 거치면서 1930년대부터 학자들의 의견이 모아지기 시작했습니다. 예수께서는 공관복음들에 증언된 대로 하나님 나라와 관련해서 미래에 올 것과 벌써 실현되고 있음, 둘 다를 가르쳤음을 인정하고 그 독특한 의미를 깨닫기 시작한 것입니다. 예수께서 하나님 나라의 완전히 옴은 미래의 사건이지만 현재에 벌써 실현되기 시작했다고 가르쳤다는 것입니다. 그래서 오늘날 다수의 학자들은 하나님 나라의 도래에 관한 예수의 가르침을 "출범"(inauguration)과 "완성"(consummation)의 구도로 설명합니다. 즉 하나님 나라는 미래에 온다는 것입니다. 그때 사단의 나라를 완전히 제거하고 하나님의 통치가 완성될 것입니다. 그러나 예수의 오심으로 하나님의 통치는 이미 실현되기 시작하여, 미래의 "완성"을 향하여 벌써 "출범"한 것입니다.

Chapter
4 하나님 나라는 어떻게 오는가?

1. 하나님 나라는 초월에서 은혜로 온다

"하나님 나라" 자체가 이미 독특한 용어인데, 예수는 그것과 함께 독특한 동사들을 썼습니다. 예컨대, 하나님 나라가 "오다," 또는 하나님께서 우리에게 하나님 나라를 "주시다"(예: 눅 12:32)는 동사입니다. 우리가 하나님 나라에 대해 하는 행위는 주로 "들어가다"와 "(상속으로) 받다"라는 동사들로 표현했습니다. 하나님 나라 안으로 "들어가다," 하나님 나라를 "(상속으로) 받다." 반면에 하나님 나라의 개념과 함께 우리가 즐겨 사용하는 "이루다," "확장하다" 등의 동사들을 예수는 쓰지 않았습니다.

이와 같은 언어 사용에서 우리는 예수께서 하나님 나라의 초월성과 은혜성을 강조하고자 한 사실을 터득할 수 있습니다. 하나님 나라는 인간이 "이루고" "확장하는" 것이 아닙니다. 그것은 하나님의 초월에서 우리에게 "오는" 것이고, 하나님이 우리에게 은혜로 "주시는" 것입니다. 인간이 힘과 지혜를 모아서 하나님 나라를 "이루면," 그것은 인간의 나라이고, 인간적이고 내재적인 것에 불과한 것입니다. 인간적이고 내재적인 것에 무슨 진정한 구원의 힘이 있겠습니까? 모든 내재적인 것은 언제나 피조물적 한계성 속에서 있습니다. 그러므로 내재적인 것 그 자체에는 아무런 구원의 힘이 없습니다. 그러기에 예수는 하나님 나라가 초월자 하나님의 통치로서 그의 초월에서 우리에게 "오는" 것이기에 구원의 힘이 있는 것으로 가르친 것입니다.

하나님 나라의 초월성과 짝을 이루는 하나님 나라의 특징이 은혜성입니다. 하나님 나라가 초월에서 우리를 위하여 "오는" 것이지 인간이 "이루는" 것이 아니므로, 그것은 하나님께서 우리에게 은혜로 "주시는" 것입니다. 우리는 그것을 다만 "받는" 것이고 그 안으로 "들어가는" 것입니다. 우리의 하늘에 계시는 아버지께서 우리에게 그의 나라를 주시기를 기뻐하십니다(눅 12:32).

이렇게 하나님 나라의 옴에 대해 예수는 그것이 하나님의 초월에서 은혜로 우리에게 온다는 사실을 강조했습니다. 그러면 예수가 하나님 나라의 초월성과 은혜성을 강조한 이유는 무엇입니까? 하나님 나라가 초월적인 것이어야 우리를 구원할 수 있기 때문입니다. 하나님의 초월적이고 전능하신 것이어야만 고장난 우주를 고칠 수 있고 우리를 구원할 수 있습니다. 그렇게 하나님의 초월성과 전능성만 있으면 다 되는 것이 아닙니다. 아무리 초월하시고 전능한 신이라 하더라도 그저 하늘 위에서 고고히 앉아만 있으면, 그래서 이 세상으로 들어와 주시지 않는다면 구원이 이루어질 수가 없습니다. 전능자로서 초월자의 힘을 가지고 우리의 내재 안으로 오셔서 우리에게 구원의 손을 내밀어야 드디어 구원이 일어나게 됩니다. 이것이 은혜입니다. 그러므로 구원은 초월자의 은혜로만 가능합니다. 이렇게 초월성과 은혜성은 구원의 두 조건들입니다.

2. 하나님 나라의 초월성과 은혜성이 함의하는 신론

여기서 예수께서 가르치신 하나님에 대한 이해, 곧 초월에서 우리를 위해 은혜로 오시는 하나님에 대한 이해, 다시 말해 신론을 잠시 살펴보고자 합니다. 이것을 이해하고 음미하려면 다른 고등 종교들의 신론들과 비교하며 설명하는 것이 유용합니다. 이른바 고등 종교들의 신론은 세 가지로 나눌 수 있습니다. 첫째는 인도 계열의 신론인 범신론(Pantheism)입니다. 여기에는 힌두교와 개혁 힌두교로 볼 수 있는 불교가 속합니다. 이들 종교는 신의 초월이 부인되고 내재만 인정됩니다. 그래서 온 우주가 신입니다. 정확히 말하자면, 온 우주의 본질이 신이고, 우리가 인지하는 우주는 신의 본질의 다양한 표출들 또는 현상들이라는 것입니다. 그러므로 이 우주 밖에 우주보다 큰 초월자 신은 없는 것이며, 이 세상의 만물이 신의 표출입니다. 인간도 신의 한 표출 현상이며, 저기 저 풀 한 포기도 그렇고, 저기 저 짐승 한 마리도 그러하다는 것입니다.

이런 범신론의 종교들의 세계관은 수레바퀴로 설명되곤 합니다. 수레바퀴로 범신론의 세계관을 설명해 봅시다. 우주의 본질은 수레바퀴의 기하학적 축과 같아서 돌지 않는, 즉 변화가 없는 영원의 세계입니다. 이것의 표출인 현상들은 수레바퀴의 겉바퀴와 같아서, 돌고 돕니다. 현상의 세계의 존재는 시간적 존재로서 변화에 묶여 있습니다. 그래서 낳고, 늙고, 병들고 죽음의 존재로 있습니다. 그러나 죽음으로 우리의 존재가 종식되는 것이 아닙니다. 다시 낳고, 늙고, 병들고 죽음이 이루어지는 것입니다. 영원, 곧 영겁의 윤회가 이루어진다는 것입니다. 이것이 인간의 문제라는 것입니다. 현상으로서 시간적으로 존재하며 사고(四苦, 즉 生老病死)와 영겁의 윤회에 묶여 있음, 그것이 바로 인간의 문제라는 것입니다.

그러므로 이런 범신론과 그에 따른 세계관/인생관을 가진 종교들에 있어 구원론은 영겁의 윤회 고리를 끊고 현상으로서의 존재를 마감하는 것으로 설정됩니다. 그것은 본질에 합일되어 변화가 없는 영원의 세계에 들어감으로써 이루어진다고 합니다. 그것을 열반이라 하는데, 열반은 자아가 없어져버리는 것이어서 무아, 몰아, 적멸, 입적 등과 같은 개념으로 표현합니다.

그러면 이러한 현상의 세계를 벗어나는 일은 어떻게 가능한 것입니까? 결국 인간이 스스로 해야 합니다. 나를 구원할 나보다 큰 신이 초월자로서 나의 밖에 있는 것이 아니므로, 내가 나 스스로를 구원해야 합니다. 이렇게 범신론의 종교들에 있어서의 구원론은 자력(自力) 구원론입니다. 그래서 구원은 깨달음을 통해서 이루어진다고 합니다. 힌두교의 최고 경전인 "베다"는 지식을 뜻하는데, 그렇게 부르는 이유도 이 깨달음의 중요성 때문입니다. 여기서 깨달음이란 근본적으로 삼라만상이 본질적인 것이 아니라 다만 본질적인 것으로 보일 따름이라는 것, 그러니까 현상이요 허상(phenomena/illusions), 곧 가짜의 세계임을 깨닫는 것입니다. 그런 깨달음을 얻게 되면 그런 것들에 어떤 가치도 두지 않고 그런 것들과 연을 끊어 자유롭게 된다는 것입니다. 인간이 이런 깨달음(지식)을 얻어서 스스로를 구원해야 한다는 것입니다.

한편, 이슬람교식 신론은 범신론과 정반대로 신의 초월만을 강조하여 내재를 부인하는 신론입니다. 이슬람교를 대강 말한다면, 구약과 유대교 전통과 신약과 기독교 전통 그리고 아랍 토속 종교의 혼합이라고 볼 수 있습니다. 절대 유신론을 극단적으로 강조하는 이슬람교도들은 신은 세상을 지어 그 속에 정교한 이치와 규칙을 넣어 스스로 돌아가게 해 놓고는, 자신은 하늘 위에 머무를 따름이지 이 세상에 오지 않는다고 봅니다. 신은 너무나도 거룩하고 위대하기에 이 타락한 세상에 오지 않는다는 것입니다. 이런 신론을 이신론(理神論) 또는 부재신론(不在神論)이라 합니다. 이런 신론에 의해 결정되는 세계관은 세계는 신이 미리 정하여 놓은 규칙대로 움직이는 하나의 거대하고 정교한 기계와 같은 것이라는 것입니다. 이런 세계관에 의하면, 신은 초월자이므로 구원의 능력을 가지고 있지만 결코 이 세상에 오지 않습니다. 신이 인간들에게 구원의 손을 내밀지 않습니다.

그러므로 이슬람교의 구원론은 완전한 숙명론이든지 아니면 자력 구원론입니다. 그러기에 이슬람교도들이 입버릇처럼 되뇌는 구호가 "인샬라"(알라의 뜻대로)인 것입니다. 이런 완전한 숙명론에 따르면 인간에게 삶의 동기가 부여되지 않습니다. 그래서 이슬람교도들도 자신들의 구원을 위해 노력합니다. 코란의 규례를 철저히 지켜 금식하고, 기도하고, 구제하고, 메카에 순례하며, 특히 알라를 위한 거룩한 전쟁에 나가 순교하는 것 등으로 구원을 얻으려 합니다. 이렇게 범신론의 반대인 이신론 역시 결국 자력 구원론을 내포하는 것입니다.

지금까지 살핀 것처럼 세계 종교들의 신관을 대별해본다면 범신론과 이신론으로 나눌 수 있으며, 서로 상이한 신관을 갖고 있습니다. 하지만, 범신론이든 이신론이든 인간이 자신의 자원으로 스스로를 구원해야 한다고 가르친다는 점에서는 다를 바 없습니다. 이 두 신론들에 의하면, 인간에게 사실상 신은 필요 없게 됩니다. 신이 인간에게 아무런 도움을 주지 않아 인간이 자력으로 자신의 구원을 이루어가야 한다면, 그런 신이 무슨 필요가 있겠습니까? 그러므로 범신론과 이신론은 사실상 휴머니즘에 지나지 않습니다. 그런 신론들을 가진 종교들에서 구원은 결국 인간이 스스로의 지혜와 선행을 쌓아 이루어내는 것인데, 과연 인간의 한계성을 가진 지혜와 선행을 아무리 개발해본들 그것들의 한계성으로부터 오는 문제들을 해결하여 구원을 이룰 수가 있겠습니까?

이런 신론들과는 반대로, 예수 그리스도가 계시한 하나님은 초월자이시면서(extra nos; 우리 밖에서) 동시에 직접 우리에게 오셔서(pro nobis; 우리를 위하여) 구원의 통치를 펼치는 신이십니다. 그래서 그의 초월의 힘으로 이 내재의 한계성으로부터 우리를 구출해내는 것입니다. 이렇게 신의 초월성과 내재성은 참 구원이 일어나기 위한 조건들입니다. 예수는 하나님 나라가 "오다" 또는 하나님이 그의 나라를 "주시다" 등의 언어로 하나님 나라의 초월성과 내재성을 동시에 강조하는데, 그래야만 하나님 나라가 우리에게 진정한 구원을 가져올 수 있기 때문입니다. 예수 그리스도가 계시한 하나님, 즉 초월하시면서 동시에 내재하시는 하나님은 바로 삼위일체론적 하나님이십니다. 하나님이 삼위일체론적 존재여야만 하나님은 초월하시며 동시에 내재하시어 우리에게 자신을 계시하시고 우리의 구원을 이루실 수 있는 것입니다.[2]

---

[2] 이 점에 대한 더 자세한 설명을 위해서는 필자의 『요한복음 강해』(서울: 두란노, 2001), 183-202쪽을 보라.

그러므로 하나님 나라를 설명할 때 "이루다", "확장하다"를 지나치게 강조하면 인본주의로 비하될 가능성이 많아집니다. 그런 용어들은 예수 당시 열혈당 운동의 정신을 더 잘 나타낸다고 할 수 있습니다. 그들은 율법에 충실함으로써, 그리고 사단의 앞잡이인 이방 (로마)왕국과 거룩한 전쟁(聖戰)을 전개하여 이스라엘에 하나님의 나라, 곧 다윗적 메시아가 통치하는 신정(神政) 체제를 이루려고 했습니다. 그리하여 이방 왕국으로부터의 정치적 자유와, 사회 정의와 평등, 그리고 경제적 풍요의 사회를 이루려 한 것입니다. 예수는 이런 열혈당 운동과 거리를 두었습니다. 그는 유대 민족주의를 신랄히 비판했으려니와 어떤 정치, 사회, 경제적 프로그램도 제시하지 않았습니다. 그는 당시 로마의 압제 아래에서도 열혈당원들과 같이 이스라엘 민족이 이방 민족들 위에 군림하는 종말론적 비전을 제시하기보다는 이스라엘 민족이나 이방 민족들을 함께 아담적 인류로 보고 그들을 함께 아담적 숙명으로부터 구원하려 한 것입니다. 그는 아담의 특권과 타락의 특별한 상속자인 이스라엘을 사단의 나라로부터 구출하여 하나님의 나라로 이전시키고, 그들을 통하여 온 열방들을 죄와 죽음의 사단의 통치로부터 의와 생명의 하나님의 통치 아래로 이전시키려 한 것입니다.

3. 하나님 나라의 은닉성, 필연성, 점진성

예수도 미래에 완성될 하나님 나라에 대해서는 묵시문학의 천지가 진동하는 그림을 쓰기도 했으나(예: 막 13장; 마 24장; 눅 21장), 자신의 사역을 통해 지금 실현되어가는 하나님 나라에 대해서는 여러 가지 "씨"의 비유들을 통해 그 "옴"과 실현되어가는 방법을 설명했습니다. 특별히 겨자씨 비유(막 4:30 병행구절들)가 대표적이고 또 하나는 누룩의 비유(마 13:33 병행구절)입니다. 이 비유들의 공통점은 하나님 나라의 은닉성, 필연성, 그리고 점진성을 시사하는 것입니다. 하나님 나라는 겨자씨같이 또는 큰 반죽 덩어리에 감추인 누룩같이 조그맣게 시작합니다. 하도 미미해서 믿음의 눈에만 보일락말락한 것입니다. 이것은 이 세상에서의 하나님 나라의 은닉성을 나타냅니다. 그러나 하나님 나라는 필연적으로 성장해 가게 되어 있습니다. 씨 속에 생명이 있기에 아무리 작은 겨자씨도 심기면 필연적으로 자라게 되어 있듯이, 하나님 나라는 창조주 하나님의 통치이므로 아무리 미약하게 시작해도, 아무리 사단적 저항이 있어도 필연적으로 자라게 되어 있습니다. 하나님 나라는 겨자씨같이 점진적으로 성장해 가고 누룩같이 점진적으로 반죽 덩이를 변화시켜 갑니다. 겨자씨 비유가 하나님 나라의 외연의 확대를 말한다면, 누룩 비유는 하나님 나라가 이 세상에 가져오는 질적인 변화를 가리킵니다.

　실제로 예수는 갈릴리 어부 몇 명을 데리고 하나님 나라 운동을 시작했습니다. 당시 로마 제국의 관점은 고사하고 유대 사회의 관점에서도 그것은 겨자씨와 같이 또 누룩과 같이 미미한 것에 불과했습니다. 그러나 그것은 유대와 로마의 통치자들을 앞세운 사단의 세력의 극단적인 저항에도 불구하고 점진적으로 자라서 주후 313년에는 로마 제국의 콘스탄틴 대제가 주 예수 그리스도에게 무릎을 꿇고 하나님의 통치를 받아들였으며, 결국 로마 제국의 모든 족속들로 하여금 그리스도에게 순종하게 한 것입니다. 하나님 나라는 계속 성장하여 20세기까지에는 전 세계의 거의 모든 부족들로부터 그의 백성을 불러 모았고, 심지어 극동의 우리 한국인들까지 주 예수 그리스도를 믿어 하나님 나라에 들어오게 된 것입니다. 겨자씨같이 미미하게 시작한 하나님의 나라가 점진적으로 자라서 큰 숲을 이루어 많은 "새들"(세상의 많은 민족들을 가리키는 그림)이 그 속에서 구원의 안식처를 얻은 것입니다. 또 지난 2000년 동안 예수 그리스도가 대행하는 하나님의 통치는 인권의식의 증진, 노예 해방, 여성 해방, 사회 정의와 평화의 확대 등 구원의 구체적 실현을 얼마나 많이 가져오고 얼마나 많은 문화적 변혁을 초래했습니까? 과연 예수의 조그마한 하나님 나라의 운동이 온 세상을 얼마나 많이 변화시켜왔습니까? 마치 작은 누룩이 큰 반죽덩이를 변화시키듯이 말입니다.

어쨌든 하나님 나라는 점진적으로 겨자씨의 성장과 같이 성장합니다. 겨자 나무에 새들이 깃들인다는 표현이 나오는데, "새들"은 열방을 나타내는 랍비들의 숙어입니다. 많은 민족이 구원의 안식처를 얻는다는 말입니다. 그리고 이런 하나님 나라는 필연적으로 자랍니다. 핍박과 억압이 성장을 가로막지 못합니다. 씨는 아무리 작아도 생명이 있기 때문에 반드시 자라게 되어 있습니다. 하나님 나라의 복음은 하늘과 땅을 지으신 창조주 하나님 나라의 복음이기 때문에 아무리 핍박과 저항이 있어도 필연적으로 자라게 되어 있습니다. 하나님 나라를 선포한 예수를 십자가에 못 박는 일이 있어도 도리어 하나님은 그 악을 이용해서라도 그의 나라의 구원을 반드시 실현하십니다. 예컨대 고린도전서 2:8 이하와 요한복음 18, 19장 등에서 이런 내용들이 특히 잘 설명되고 있습니다. 하나님은 저항하는 사단의 세력을 이용해서라도 반드시 자신의 구원사의 진전을 이루시고 맙니다.

이때 기억할 것은 위에서도 언급했듯이 누룩의 비유가 말해주는 질적 변화입니다. 조그만 누룩이 큰 반죽덩이를 변화시키듯이 하나님 나라는 인간의 가치관, 윤리, 관계를 변화시킵니다. 기독교 문명에서 노예와 여성의 해방이 있었고, 모든 사람들의 인권이 존중되며, 그 바탕 위에서 진정한 민주주의가 이루어진 것을 통해 알 수 있습니다. 서구 사회가 복음을 받아들여 바로 이런 중요한 정신을 실현시켜왔습니다. 반면, 동양의 힌두교, 불교, 유교, 도교 사상에 여자들의 해방에 대한 메시지가 있었습니까? 노예 또는 상놈들의 인권 증진 운동이 있었습니까? 도리어 카스트 제도로, 양반과 상놈의 구분으로, 여성 굴종의 윤리로 인권 억압을 종교적으로 정당화해주지 않았습니까? 이런 억압의 삶을 끊고 역사 속에서 그런 문제들에 대한 해결의 실마리를 가져온 것은 바로 복음이었습니다. 하나님의 나라(통치)가 누룩같이 작용하여 인류에게 이런 정치, 사회, 경제, 문화적 변혁을 가져온 것입니다.

4. 예수의 하나님 나라에 대한 가르침의 전제들

예수께서 하나님 나라의 현재적 옴 또는 실현을 겨자씨와 누룩의 비유들로 설명한 것은 당시의 열심당적 혁명 운동과 바리새적 경건주의 운동들에 대한 비판을 내포하고 있습니다. 첫째, 예수는 하나님의 이름으로 로마 제국에 대항하여 성전(聖戰)을 펼치고, 정치, 경제 및 사회적 혁명을 통하여 다윗적 메시아가 통치하는 신정(神政) 체제를 구축하려는 열혈당 또는 열심당(Zealotism)에 반대한 것입니다. 하나님 나라는 그들이 생각했던 대로 그런 성전과 혁명운동을 통해서 오지 않습니다. 그것은 차라리 보일락말락하게 미미한 모습으로 시작해서 점차적으로 발전하는 것입니다. 예수는 그런 정치적 혁명이나 군사적 투쟁으로는 인간들을 질곡으로 몰아넣는 자기주장(곧 죄)의 문제를 해결하지 못하고, 도리어 그것을 극대화하여 이제까지의 통치자/압제자와 피치자/수난자 사이의 자리만 바꿀 따름이지 통치자-피치자, 착취자-피착취자의 불의한 관계 자체는 해결하지 못함을 꿰뚫어 본 것입니다. 예수는 설령 열심당의 성전이 성공하여 이스라엘이 온 세상의 모든 민족들을 지배하게 된다고 한들 그것은 로마 제국과 유대 민족이 자리바꿈만 하는 것이지 온 인류를 위한 정의와 평화와 자유의 확대가 아닐 것임을 잘 알고 있었습니다. 설령 열심당의 정치, 경제 사회적 혁명이 성공하여 그들이 통치자가 되고, 로마 세력과 결탁하여 백성을 수탈한 사두개 제사장들을 중심으로 한 집권층을 발아래 굴복시킨다 한들 진정한 자유와 정의와 평화가 이루어지리라고 보지 않았던 것입니다. 그래서 예수는 유대 민족주의, 즉 유대 민족이 종말에 온 열방들을 통치하고 온 열방들이 이스라엘을 섬기리라는 유대교의 기대를 철저히 배격하고, 어떤 정치, 경제, 사회적 혁명의 프로그램도 제시하지 않았던 것입니다. 요새 말로 하면, 예수는 이른바 "해방신학"에 동조하지 않은 것입니다.

둘째, 예수는 반면에 바리새인들의 소극적 경건주의도 비판했습니다. 바리새 운동은 말하자면 하나의 중산층 평신도들의 경건 운동으로서, 모세 율법, 특히 제사장들의 거룩성을 확보하기 위해 레위기의 거룩과 정결의 법들을 철저히 지켜온 이스라엘이 하나님으로부터 선택된 거룩한 "제사장들의 민족"(출 19:5)이라는 이상을 실현하도록 노력한 운동입니다. 그러나 다수의 바리새인들은 하나님의 백성 됨을 하나님의 통치를 적극적으로 받는 것으로 이해하지 않고, 기껏해야 자신의 몸을 깨끗하게 관리하고 음식이나 가리며 불결한 죄인들로부터 "분리"하는 것 정도로 생각했습니다. 십일조를 바치라는 것도 율법이므로 바리새인들은 그것을 열심히 하되, 심지어 마당의 채소와 금향까지도 정확히 십일조로 헌금했습니다. 그러나 그런 율법들의 근본정신인 하나님에 대한 사랑과 이웃에 대한 의와 자비와 신실성은 저버렸던 것입니다(마 23:23/눅 11:42). 이웃 사랑의 계명은 십계명에서 제 5계명 "네 부모를 공경하라"는 명령으로부터 구체화되기 시작합니다. 그런데 '고르반'이라 선언하여,

즉 부모에게 받쳐야 할 것을 하나님께 바쳤다고 선언하여, 그 계명을 사실상 어기면서도 자신의 "양심"의 가책을 면하려고 했습니다. 예수는 이런 바리새인들을 위선자들이라고 신랄히 비판했습니다(막 7:9-13; 마 15:1-9). 이렇게 바리새인식의 소극적 경건주의로 자신의 몸과 양심이나 깨끗이 유지하기 위해 하나님의 율법을 지키는 것으로 하나님 나라(통치)의 샬롬이 이루어질 리가 없기 때문입니다.

예수가 비판할 수밖에 없었던 열혈당식 생각이나 바리새인식 삶이 우리에게도 있지 않습니까? 안타깝게도 오늘날 적지 않은 한국 그리스도인들이 하나님의 통치를 받는 하나님 백성으로서의 삶을 기껏해야 주일성수하고 십일조하고 물질적 복을 구하고 술과 담배를 삼가는 것 정도로만 생각하는 것 같습니다. 예수의 하나님 나라 선포를 이렇게 이해하는 한 우리 가운데 온전히 하나님 나라가 "올"(실현될) 리가 없습니다. 진정한 신학적 성숙의 과제를 진지하게 생각해야만 한다고 봅니다.

5. 사랑의 이중계명

예수께서 이와 같이 열혈당식 혁명 신학에도 반대하고 바리새적 소극적 경건주의에도 반대하며, 하나님 나라의 도래를 겨자씨와 누룩의 비유들로 설명한 데는 하나님의 백성의 적극적인 제자도, 즉 하나님의 통치에 대한 적극적인 순종을 전제합니다. 적극적인 제자도는 소극적 경건주의(또는 경건주의적 소극주의)의 반대입니다. 하나님의 통치 받는 것을 단지 음식 가리고(예: 주초 삼가), 죄인들과 어울리지 않고(聖別), 십일조 등 외형적인 몇 가지의 계율들을 지키는 것으로 국한하는 것으로는 예수가 가져온 하나님 나라가 실현되지 않습니다. 예수는 하나님 나라(통치)가 구체적으로 사랑의 이중 계명의 요구로 온다고 보았습니다. 그러기에 예수는 모든 계명들을 사랑의 이중 계명으로 요약한 것입니다: "마음과 뜻과 정성과 힘을 다해서 하나님을 사랑하고, 이웃을 자신의 몸과 같이 사랑하라"(막 12:28-34 병행구절들). 십계명의 첫 네 계명들은 하나님에 대한 사랑의 계명을 구체화한 것들이요, 이어지는 여섯 계명들은 이웃에 대한 사랑을 구체화한 것들입니다. 하나님의 백성이 바리새 인식으로 율법주의의 장난에 빠져 율법을 지킨다면서도 율법의 이 정신은 저버리는 것에 반해, "하나님을 혼신을 다하여 사랑하라, 그리고 이웃을 네 몸같이 사랑하라"는 구체적인 요구로 오는 하나님의 통치에 적극적으로 순종한다면, 바로 그것을 통해 하나님 나라의 샬롬은 이 땅에 현재(첫 열매의 형식으로나마) 실현되는 것입니다.

　예수가 선포한 하나님의 나라를 추상적인 것으로 보아서는 안 됩니다. 그것은 하나님의 통치를 가리키는 것이며, 하나님의 통치는 우리의 실존에서 "하나님을 혼신을 다하여 사랑하라, 그리고 이웃을 네 몸같이 사랑하라"는 구체적인 요구로 온다는 것을 잊지 말아야 합니다. 우리는 매 순간 갈림길에 놓이게 됩니다. 가치 판단과 윤리적 선택의 순간마다 하나님의 통치를 받을 것인지 사단의 통치를 받을 것인지, 하나님의 뜻을 순종할 것인지 사단의 뜻을 좇을 것인지를 결정하도록 요구받습니다. 하나님은 우리더러 하나님을 사랑하고 이웃을 사랑하라고 요구하십니다. 반면 사단은 "네가 네 스스로에게 하나님이 되라"고, 곧 "네 스스로의 지혜와 능력으로 너의 안녕과 행복을 확보하라"고 유혹하고, 그러기 위해 결국 이웃을 착취하기를 종용합니다.

　하나님에 대한 사랑의 반대말은 우상숭배입니다. 예수께서 가장 엄중히 경고한 우상숭배의 형태는 맘몬 숭배, 즉 재물로 자신의 안녕과 행복을 확보하려는 태도입니다. 이것이 부모와 자식을 가르기도 하고, 형제간을 원수지간으로 만들기도 하며, 사회의 온갖 불의와 갈등을 조장하고, 국가간에 전쟁을 일으키기도 합니다. 모든 우상 숭배는 파괴력을 가지고 죽음을 가져옵니다. 그러나 죽음을 가장 크게 가져오는 우상숭배는 맘몬 숭배입니다. 그래서 예수께서는 산상수훈에서 누구든지 하나님과 맘몬을 동시에 섬길 수 없다고 했습니다(마 6:24; 눅 16:13). 맘몬이즘에 빠져있는 자들이 하나님 나라에 들어가는 것은 낙타가 바늘구멍에 들어가는 것보다 어렵다고도 했습니다(눅 18:24-25). 물론 예수가 부를 무조건 비판적인 시각으로 본 것은 아닙니다. 그는 부자들도 하나님 나라로 영접하였으며, 몇몇 부자들의 도움도 받았습니다. 그가 경고한 것은 부가 자신의 안녕과 행복을 보장해준다고 생각하여 그것에 의존하고, 그것을 더 벌기 위해 이웃을 착취하는 자세로 살아서는 안 된다는 것입니다.

사단은 우리에게 돈을 많이 벌어 우리의 안녕과 행복을 확보하도록(곧 스스로에게 하나님 노릇하도록) 유혹하고, 그러기 위해 이웃을 착취하도록 요구합니다. 그러나 하나님은 공중에 나는 새도 먹이시고 들의 백합화도 입히시는 하나님의 아빠 되심에 의지하여 그의 선한 뜻에 순종하며 또한 이웃을 사랑할 것을 요구하십니다(마 6장). 이것이 하나님을 사랑하고, 이웃을 사랑하는 것입니다. 우리는 실존의 매 순간마다 이러한 하나님의 주장과 사단의 주장 중 하나를 선택해야 합니다. 예를 들어, 내가 컴퓨터를 생산하는 사업주라고 생각해봅시다. 컴퓨터의 생산가가 100원이라고 합시다. 하나님은 나더러 그 생산가에 정당한 이익(재투자를 통해서 서비스를 확대할 수 있는 만큼의 이익) 100원을 덧붙여 200원 정도만 받고 팔아 내 고객들(나의 이웃들)의 삶을 더욱 편리하고 풍요롭게 하라고 하십니다(이웃 사랑). 그러나 사단은 돈을 많이 벌어야 내가 평안하고 행복해진다며 나더러 2,000원을 받으라고 부추깁니다. 곧 맘몬 우상숭배에 빠져서 나의 고객들(이웃들)을 착취하라고 합니다. 이처럼 우리는 시시때때로 바로 이런 사업가와 같은 갈림길에 놓입니다.

이런 때 우리가 사단의 뜻을 따르면(곧 사단의 통치를 받으면) 우리는 불의를 저지르게 되고 갈등을 야기시키며 고난을 가져오게 됩니다. 이렇게 사단의 통치는 인간 사회를 만인이 만인에게 늑대 노릇하는, 소수의 사람만 생존하는 약육강식의 정글이 되게 합니다. 반면 우리가 하나님의 뜻을 좇아(곧 하나님의 통치를 받아), 하나님께 의존하고 이웃을 섬기는 자세로 살면, 부는 비교적 공정히 재분배되어 경제적 정의가 이루어지고, 경제적 정의는 사회적 평화를 낳게 됩니다. 이렇게 하나님의 통치는 만인이 만인을 섬기게 하여 골고루 잘 사는, 자유와 정의와 평화가 있는 사회를 이루게 합니다.

이와 같이 하나님의 통치는 항상 사랑의 이중계명의 요구로 우리에게 다가옵니다. 그것은 하나님께 의지하고 헌신하며 이웃을 자신의 몸과 같이 사랑하는 것입니다. 그럼에도 불구하고 많은 그리스도인들은 하나님의 나라를 너무 관념적이고 추상적으로 생각하고, 죽은 다음 내세에 영혼이 가는 곳으로만 생각합니다. 그 결과 현재 자신들의 삶이 하나님 나라와 어떻게 관계되는가를 아는 데 부족하며, 그래서 하나님의 백성으로서의 삶이 기껏 음식이나 가리고, 주일날 교회에 출석하고, 헌금하고, (이 세상의 물질적 축복을 위해) 기도하는 것 정도로 생각하곤 합니다. 다수의 한국 그리스도인들이 이러한 바리새적 소극적 경건주의에 빠져 사는 한 하나님의 나라는 한국에서 자유와 정의와 평화와 풍요의 확대로 그 구원의 힘을 실현시킬 수 없습니다.

예수께서 하나님 나라가 미래에 완성된다고 가르쳤음을 우리는 살펴보았습니다. 하나님 나라의 구원은 미래에 완성될 것입니다. 따라서 이 땅에서 아직 우리는 하나님의 통치를 완벽히 받을 수 없고, 그러하기에 하나님의 구원은 아직 완전히 실현될 수 없습니다. 우리는 아직도 사단의 통치에 노출되어, 죄의 힘을 완전히 떨쳐버리지 못하고 자기주장의 의지를 완전히 청산하지 못한 가운데, 하나님을 혼신을 다하여 사랑하고 이웃을 내 몸과 같이 사랑할 수 없습니다. 인간들이 그렇게 하지 못하는 만큼 이 땅에는 아직도 사단의 통치가 가져오는 죄와 죽음이 있게 마련입니다. 미래, 곧 주 예수 그리스도의 재림 때 사단의 통치가 완전히 종식되고 우리가 죄의 힘으로부터 완전히 구원받을 때 하나님의 통치와 그 구원은 완성될 것입니다.

그러나 예수는 이 미래에 완성될 하나님 나라가 지금 벌써 이 땅에 와서 그 구원의 힘을 첫 열매의 형식으로나마 발휘하고 있음을 강조했습니다. 하나님 나라의 복음을 듣고, 죄를 회개하며 (곧 사단의 나라에 등을 돌리고) 하나님의 나라로 "들어가는" 사람들이 자신들에게 "오는" 하나님의 통치를 받을 때, 그리하여 사랑의 이중계명을 실천할 때, 그 곳에 하나님의 나라가 (완전한 "수확"의 형태는 아니고 "첫 열매"의 형태로나마) "오는"(실현되는) 것입니다. 그리하여 앞서 누누이 강조한 바와 같이 이 땅에 하나님 나라의 샬롬이 이루어지는 것입니다.

그런데 죄인들인 인간들이 어떻게 참 회개를 할 수 있겠습니까? 곧 사단을 거부하고 자신의 자기주장의 의지를 떨쳐 버릴 수 있겠느냐 말입니다. 그들이 어떻게 하나님께 전적으로 의지하고 헌신하며 이웃을 자기 몸같이 사랑할 수 있겠습니까? 즉 그들이 어떻게 하나님나라에 "들어가" 하나님의 통치를 "받을" 수 있겠습니까? 그것은 오로지 하나님의 초월에서 "오는" 힘, 곧 하나님의 성령의 힘에 의해서만 가능합니다. 하나님의 성령에 의해 사단의 통치가 죽음을 가져오고 하나님의 통치가 삶을 가져온다는 사실을 깨우침(즉 복음에 대한 터득을) 받고, 그 복음을 받아들일 수 있는 믿음을 받고, 사랑의 이중계명의 요구로 오는 하나님의 통치에 순종할 수 있게 될 때만 가능한 것입니다.

그러므로 사랑의 이중 계명의 요구로 오는 하나님의 통치에 대한 적극적인 순종이 없는 바리새적 경건주의에 의해서도 하나님 나라는 실현되지 않지만, 하나님의 초월에서 은혜로 "오는" 하나님의 성령에 힘입지 않고 인간이 자신들의 힘으로 성전과 혁명을 벌여 하나님 나라를 건설하려는 열혈당 운동(또는 오늘날의 해방신학)에 의해서도 하나님 나라는 실현되지 않습니다. 성령의 힘에 의한 자기주장(곧 죄)의 문제를 철저히 해결하지 못한 자들의 종교적 열정에 의한 하나님 나라 건설 운동은, 비록 불의한 정권을 뒤집는 일에는 성공한다 하더라도 자유와 의와 평화의 사회 건설에는 성공하지 못합니다. 그런 운동은 대개 아주 율법주의적이고 불관용적인 전체주의 체제를 만듭니다. 중세 가톨릭 세계와 호메이니의 혁명에 의해 세워진 이란이 이것을 잘 보여주고 있지 않습니까! 인간의 지혜와 능력으로 정의와 평등의 낙원을 건설하려 한 이른바 과학적 사회주의(공산주의) 운동은 인간에 의한 하나님 나라 건설의 한 세속화된 형태라고 볼 수 있는데, 그것이 얼마나 불의하고 불관용적인 전체주의를 낳는가를 우리는 20세기의 고통스런 실험으로 통해 잘 알게 되었습니다. 그러므로 그런 운동은 압제자와 피압제자 사이에 자리바꿈만 하는 것이지, 압제라는 근본 문제 자체를 해결하지는 못합니다.

그러기에 예수는 바리새적 소극적 경건주의와 함께 열심당의 혁명 운동에도 동조하지 않고, 하나님의 성령의 부음을 받아 메시아직에 임명된 분으로서(막 1:9-11 병행구절들) 성령의 힘으로 하나님 나라의 구원을 시위하고(마 12:28; 눅 11:20), 자신의 제자들에게도 성령을 주어 그 힘으로 계속 하나님 나라의 구원을 실현해 가도록 한 것입니다(막 6:7-13 병행구절들; 눅 24:49; 행 1:6-8). 이렇게 하나님 나라는 하나님의 초월에서 은혜로 "오는" 것입니다. 하나님께서 미래에 가져오실 완성된 하나님 나라만이 아니라 예수가 현재에 들여오는 하나님 나라도 그렇습니다. 그것도 하나님의 초월에서 와서 이 세상에 내재하시며 하나님의 구원의 힘을 발휘하시는 성령에 의해서만 "오는" 것입니다. 그 성령에 의해 사단의 죄와 죽음의 나라에서 건져내서 하나님의 의와 생명의 나라로 옮겨진 자들이 그 성령에 힘입어 사랑의 이중계명의 요구로 오는 하나님의 통치를 구체적으로 받을 때, 하나님 나라의 구원은 이 땅에 벌써 겨자씨같이 또는 누룩같이 첫 열매의 형태로나마 실현되는 것입니다.

우리 인간들이 성령에 힘입어 자기주장의 의지를 극복하고 하나님께 의지하고 순종하며 이웃을 사랑하는 곳에는 하나님 나라가 (첫 열매의 형태로나마) 실현됩니다. 그리하여 인권과 정의와 평화가 증진됩니다. 그러므로 우리가 사랑의 이중 계명의 요구로 오는 하나님의 통치를 받음으로써 우리는 하나님 나라를 이 땅에 "이룬다"라고 말할 수 있습니다. 또 하나님 나라의 복음을 널리 선포하여 더 많은 사람들로 하여금 하나님의 통치를 받아 하나님의 통치가 이루어지는 영역이 넓어지게 함으로써 하나님 나라를 "확장한다"라는 말을 사용할 수도 있습니다. 그러나 이런 선교적, 제자도적 언어를 사용할 때 우리는 예수의 언어 사용에서 두드러지는 하나님 나라의 초월성과 은혜성을 훼손하지 않는 한에서 그렇게 해야 합니다.

Chapter

5 하나님 나라 선포에 있어서 예수의 의도

그러면 예수는 하나님 나라의 복음을 선포하여 무엇을 이루려 하였습니까? 그의 의도는 무엇이었습니까? 그것은 한 마디로 하나님의 통치를 받는 백성, 곧 하나님 나라의 백성을 불러 모아, 그들로 하여금 예수 자신을 통해 오는 하나님의 구원을 덕 입고 장차 완성될 하나님의 구원(영생)을 얻도록 하기 위한 것이었습니다.

예수는 자신이 죄인들을 부르러 왔다고 말씀하셨습니다(막 2:17). 사람들에게 그들이 지금 사단의 나라에서의 죄와 죽음의 아담적 실존에 처해 있음을 주지시키고, 하나님 나라에서의 구원(곧 영생)을 약속하면서, 인간들에게 죄를

"회개함"(곧 사단의 통치에 등을 돌림)으로 사단의 나라에서 빠져나와서 믿음으로 하나님의 나라 속으로 들어오라고 부르러 왔다는 것입니다(탕자의 비유를 다시 한번 생각해 보라). 예수의 하나님 나라 복음의 선포는 우리를 하나님 나라 속으로 들어오라는 부름 또는 초대였습니다. 그것은 죄와 죽음으로 다스리는 사단의 나라에서 우리를 해방하여 의와 사랑으로 다스리는 하나님의 나라로 옮기시기 위함이었습니다.

예수의 하나님 나라의 복음을 받아들여 하나님의 통치를 받게 된 사람들은 하나님의 백성입니다. 구약 시대 모세의 언약에 의해 이스라엘이 하나님의 백성이 되었는데, 이제 예수는 새로운, 종말의 하나님 백성을 불러 모으는 것입니다. 이것을 나타내기 위해 이스라엘의 열두 지파에 상징적으로 상응하는 열두 제자들을 선택하여 이 새 하나님 백성의 핵으로 삼은 것입니다. 이 하나님 백성을 다른 그림언어로 표현하자면 하나님의 "자녀들"이라고 할 수 있습니다. 그들은 창조주의 "상속자들"로서 하나님의 무한한 부요함을 "상속"받아 살 수 있는 자들입니다. 즉 하나님의 신성에 참여하여 신적 생명, 곧 "영생"을 얻게 되는 사람들입니다. 예수는 하나님의 특별한 "아들"로서 소명을 받고(막 1:11 병행구절들), 하나님을 독특하게 "아빠"라고 불렀는데(막

14:36 병행구절들), 그가 불러 모은 제자들에게도 하나님을 아주 친근하게 "아빠"라고 부르며 기도하도록 가르치심으로써(눅 11:2; 마 6:9) 그들이 새로운 하나님의 백성, 곧 하나님의 자녀됨의 특권을 누리게 한 것입니다.

예수는 자신이 사단의 나라에서 해방하여 하나님의 나라로 불러 모은 새로운 하나님 백성의 공동체(교회)를 새로운 "성전"으로 보았습니다. 예수는 성전을 돌과 나무로 짓는 건물로 보지 않고 하나님의 백성의 공동체로 보았습니다. 이것도 구약에서 유래한 언어입니다. 구약에서는 "집"이란 용어를 여러 가지 뜻으로 사용합니다. 성전의 원래 뜻은 하나님의 거처지, 곧 "집"입니다. 언약에 의해 하나님이 그의 백성, 이스라엘 가운데 거하시므로, 구약은 가끔 이스라엘(또는 야곱)을 하나님의 "집"(또는 "전")이라고 합니다. 그의 백성의 공동체가 하나님의 거처지, 즉 성전인 것입니다. 예수 당시 주전 150년 무렵부터 예루살렘 성전이 비정통 제사장들에 의해 완전히 타락했다고 보고 그것과 절교하고 쿰란 같은 곳에 공동체를 이루고 살았던 에센파 유대인들은 자신들의 공동체를 하나님이 성령으로 거처하시는 참 "성전"으로 보았습니다. 이들은 타락한 예루살렘 성전은 더 이상 성전이 아니고, 거기서 드리는 타락한 제사는 하나님께 도리어 욕되는 것이라고 본 것입니다. 그들은 자신들의 기도와 성경공부와 율법 지킴이 참 제사라고 보았습니다. 이렇게 그들은 "성전"과 "제사"를 문자적으로 적용하지 않고, 하나님 백성 공동체와 그 공동체의 하나님에 대한 예배와 윤리적 순종에 그림 언어적으로 적용한 것입니다. 예수께서 바로 이 전통 위에 서 계신 것입니다. 예수는 유대의 최고 법정인 산헤드린에서 예루살렘 성전을 부수고 새로운 성전을 짓겠다고 주장했다는 이유로 사형판결을 받게 되는데(막 14:53-65 병행구절), 이것은 왜곡되고 오해된 죄목이긴 했으나 예수가 새로운 성전을 짓겠다고 한 주장에 근거한 것은 사실이었습니다.

예수는 그가 세례 요한으로부터 세례를 받을 때 하늘로부터 성령이 자신에게 내려와 권능을 받고 "너는 나의 아들이다"는 하나님의 소명을 받았습니다(막 1:9-11 병행구절들). 곧 하나님의 대행자(代行者)로서의 메시아 직에로 소명을 받고 그 임무를 수행할 수 있도록 하나님의 영(성령)의 권능을 받은 것입니다. 예수는 이 체험을 구약과 유대교의 메시아적 대망의 가장 중요한 뿌리인 나단의 신탁(삼하 7:12-14)과 그것의 중요한 재해석의 전승에 비추어 해석했습니다. 나단의 신탁은 하나님께서 다윗의 "씨"를 일으켜 다윗의 왕위에 앉히고 자신(하나님)의 "아들"로 삼겠으며,

그로 하여금 하나님 자신을 위한 "집"(성전)을 짓게 하겠다는 하나님의 말씀입니다. 이것은 솔로몬에 의해 먼저 성취되었고, 이어지는 다윗 왕조의 신학적 정당성의 근거였으나(예: 시 2편; 89편; 132편), 주전 587년에 다윗 왕조가 멸망하고 유다 백성이 바빌로니아에 노예로 끌려간 뒤에는 하나님께서 종말에 다시 한번 성취하실 약속으로 이해되었던 것입니다. 그리하여 구약과 유대교의 메시아 대망이 주로 이 전승에 기초하여 다윗의 아들-하나님의 아들로서 다윗 왕조를 재건할 분으로 표현되었던 것입니다. 예수는 그가 세례 받을 때 바로 이 메시아적 대망을 성취하는 다윗의 아들-하나님의 아들로 임명되고 소명된 것을 깨닫게 됩니다.

그러나 예수는 나단의 신탁을 성취하는 자신의 메시아적 과업을, 문자적으로 다윗 왕조를 재건하고 성전 건물을 건축하는 것으로 보지 않았습니다. 그보다는, 다윗 왕조가 이 땅에서 반영해야 할, 그러나 제대로 반영하지 못한 하나님 나라(통치) 자체를 실현하는 것으로 보았습니다. 그리고 예루살렘 성전이 이루어야 할, 그러나 제대로 이루지 못한 죄인들의 하나님께로의 회복을 이루는 것으로 보았습니다. 만일 예수가 당시 유대교의 메시아적 대망대로 기껏해야 문자적으로 다윗 왕조를 재건하여 유다로 하여금 로마를 대신하여 온 세상 위에 군림하는 민족이 되게 하였다 한들, 그것이 인류는 고사하고 유대인들에게도 무슨 구원이었겠습니까? 예수가 당시 헤롯이 건축한 성전보다 더 훌륭한 성전을 세우고 그곳에서 설령 쿰란의 에센파 사람들이 해석한 대로 율법에 완벽하게 맞게 제사들을 드리게 했다 한들, 그것이 죄인들의 죄 문제를 근본적으로 해결하고 그들을 하나님께 온전히 회복시킬 수 있었겠느냐 말입니다. 그래서 예수는 나단의 신탁을 문자적으로 성취하기를 바랐던 당시 유대인들은 물론 심지어 자신의 제자들의 요구도 거절하고, 도리어 그것을 사단적 유혹으로 보았던 것입니다.

예수는 하나님께서 다윗과 그의 "씨"를 자신의 "아들"로 삼아 자신의 백성인 이스라엘을 통치케 한 것은 (곧 나단의 신탁의 진정한 의미는) 하나님의 "아들"로서 하나님의 통치를 신실히 대행하여 먼저 이스라엘 민족의 삶 가운데 하나님의 통치가 실현되도록 하고 나아가 모든 민족들("열방들")의 삶 가운데서도 그렇게 되도록 하기 위한 것이었음을 깨달았습니다. 즉 다윗 왕조는 이 땅에서 하나님 나라를 신실히 반영하도록 사명을 받았다는 것입니다. 그러나 다윗 왕조는 그렇게 하지 못했습니다. 그래서 하나님의 심판을 받아 멸망하고 유대 민족은 바빌로니아에 포로로 끌려간 것입니다. 그러므로 예수는 그런 다윗 왕조를 문자적으로 재건하는 것이 아니라 다윗 왕조가 반영하도록 되어 있었던 하나님의 나라(통치) 자체를 실현하는 것을 자신의 메시아 (즉 종말의 구원자)로서의 과업으로 보았던 것입니다. 예수는 사람들에게 하나님의 완성된 통치 아래서의 구원을 약속하면서 지금 회개함으로 사단의 죄와 죽음의 통치에서 벗어나 하나님의 나라로 들어와 성령의 도우심으로 사랑의 이중 계명의 요구로 오는 하나님의 통치를 실제로 받으라고 한 것입니다. 이것은 하나님의 통치를 실현하는 일이며, 동시에 죄인들을 그의 백성(자녀)으로 회복시키는 일로서 성전의 진정한 의미를 실현하는 일이었습니다. 이렇게 하여 하나님의 참 백성이 창조되어 그 가운데 하나님의 영이 임재하시는 그 공동체가 곧 진정한 "성전"인 것입니다. 그러니까 예수는 나단의 신탁을 성취하는 메시아로서 성전의 기능(죄인들을 하나님의 백성으로 또는 자녀들로 회복시킴)을 완성하여 성전(하나님의 참 백성 공동체)을 건축하려 한 것입니다.[3]

예수는 하나님을 "아빠"라고 부름으로써(하나님을 이렇게 호칭하는 것은 당시 유대인 간에는 독특한 것임), 또한 하나님 나라에로의 초대에 응한 사람들에게도 하나님을

---

[3] 이것에 대해서 더 자세히 알기 위해서는 필자의 책 『예수와 바울』(서울: 두란노, 2001) 안에 있는 글 "예수와 성전"을 보라.

"아빠"라고 부르게 함으로써 메시아적 자기 이해를 간접적으로 표현했습니다. 하나님께 "아빠"라는 아주 친근한 호칭을 사용함으로써 예수는 자신이 하나님의 독특한 "아들" 됨을 은근히 나타내고, 그의 추종자들에게도 그 호칭을 따라 하게 함으로써 그들도 하나님의 자녀들(백성)이 되었음을 드러냈습니다. 이로써 자신이 하나님 아들 됨의 권세를 중계해주는 분임을 간접적으로 계시한 것입니다. 한마디로 말하면, 하나님의 독특한 아들로서의 예수는 자신의 메시아적 과업을 사람들이 하나님의 자녀(백성)가 되게 하는 것, 그리하여 그들이 하나님의 "아빠" 노릇해주심에 덕 입어 살게 하는 것으로 보았던 것입니다. 이것은 인간의 자기주장 의지를 충동하여 인간 위에 군림하는 사단의 통치에서 인간을 건져내는 것이며, 인간으로 하여금 창조주 하나님의 무한한 부요함에 참여하여 신적 삶(곧 "영생")을 얻게 하는 것(구원)입니다.

이러한 예수의 자기 이해는 사무엘하 7:12-14의 전승과 함께 주로 다니엘 7장의 예언에서 도출된 것이었습니다. 다니엘 7장에는 종말에 대한 비전이 기술되어 있는데, 네 개의 무섭고 잔인한 짐승 같은 이방 왕조들이 차례로 이 세대를 다스린 후, 하나님께서 이 사단의 세력을 진멸하시고 그의 신실한 백성에게 그의 나라를 주시고 그의 영광에 참여하게 하시리라는 예언을 담고 있습니다. 다니엘 7:9-14은 하나님께서 그의 왕좌에 좌정하시고, 그 앞에서 사단의 세력이 불로 심판을 받고, "한 사람의 아들(人子) 같은 이"가 구름을 타고 하나님께로 나아와 하나님의 옆 보좌에 앉으며 하나님으로부터 "권세와 영광과 나라"를 위임받는 환상으로 이 예언을 표현합니다. 이 환상을 구약의 하나님 나타나심(theophany)의 전승과 고대 근동의 궁중 의식에 비추어 해석하면, 하나님께서 한 사람의 모습으로 나타나는 자신의 아들을 자신의 우편에 앉히고 자신의 왕권을 위임하여 대행케 한다는 것을 뜻합니다. 다니엘 7:15-28에 나오는 이 환상의 뜻에 대한 해석은 하나님의 언약에 끝까지 신실히 남아 있는 하나님의 백성이 종말에 하나님의 나라와 권세를 받으리라는 것입니다. 그러므로 다니엘 7:9-14의 환상과 7:15-28의 해석을 대칭시키면, 전자에서 "한 사람의 아들(人子) 같은 이"로 나타나 하나님의 "권세와 영광과 나라"를 위임받는 하나님의 아들은 후자에서 하나님의 나라를 받는 하나님의 참 백성의 상징이요 대표임을 알게 됩니다.

예수는 다니엘 7장의 이 예언에서 자신이 바로 그 "사람의 아들"로서 하나님의 나라와 권세를 위임받은 분임과, 하나님의 종말의 백성을 창조하고 모아, 그들로 하여금 잔인한 사단의 나라로부터 벗어나 하나님 나라를 받고 그의 영광에 참여하게 하는 분임을 깨달은 것입니다. 즉 자신이 다니엘 7장의 그 "사람의 아들"로서 그곳에 예언된 하나님의 백성에 대한 구원의 계획을 성취하도록 소명받았음을 깨달은 것입니다. 그래서 예수는 자신을 "그 '사람의 아들'"이라고 부른 것입니다.[4] 다시 한번 간단히 말하자면, 예수가 자신을 "그 '사람의 아들'"이라 부름으로써 은근히 나타내고자 했던 자기 이해는 하나님의 나라(통치)를 위임받은 하나님의 아들로서 사람들에게 하나님 나라를 받아 하나님의 백성(자녀들)이 되게 하는 분이라는 것입니다.

이렇게 예수의 특별한 주장과 가르침, 즉 하나님 나라의 선포, 새 성전 건축 주장, 하나님을 "아빠" 부르며 그의 추종자들에게도 하나님을 그렇게 부르게 함, 그리고 "그 '사람의 아들'"이라는 자기 호칭 등은 모두 한결같이 그가 하나님의 아들로서 하나님의 통치를 대행하여 하나님의 종말의 백성을 창조하고 모으는 분이라는 자기 이해를 함축하고 있습니다.

---

4) 우리 개역한글판 성경에는 "그 '사람의 아들'"을 "인자"(人子)라고 번역해 놓았다. 필자는 "그 '사람의 아들'"이라고 번역하는 것이 옳다고 본다. 이것에 대해서, 그리고 여기 아주 간략하게 기술한 이른바 "인자론"(人子論)에 대해서는 필자의 책 *"The 'Son of Man'" as the Son of God* (Tübingen: Mohr-Siebeck, 1983; Grand Rapids: Eerdmans, 1985; 한역: 『"그 '사람의 아들'"-하나님의 아들』, 서울: 엠마오, 1987)을 참조하라.

Chapter
예수는 하나님의 백성을 어떻게 창조하는가?

1. 하나님 나라의 복음 선포를 통하여

그러면 예수는 어떻게 하나님의 새 백성을 창조하고 모으고, 새로운 성전을 짓습니까? 두 단계로 합니다. 첫 단계는 하나님 나라의 선포를 통해서이고, 둘째 단계는 자신의 죽음을 통해서입니다. 우선 예수의 하나님 나라의 선포는 약속과 초대의 행위입니다. 예수는 죄와 죽음으로 통치하는 사단의 통치 아래 있는 인간들에게 하나님 나라의 "기쁜 소식"을 선포했습니다. 하나님이 그들에게 "아빠" 노릇해주시리라는 것, 즉 그들을 자신의 자녀들로 회복하여 그의 무한한 부요함을 상속받게끔 하신다는 것, 또는 그들에게 풍성한 "잔치"를 베풀어주시어 그들로 하여금 인간의 결핍과 거기서 오는 죽음을 극복하고 하나님의 신적 생명(영생)을 얻게 하신다는 것을 선포하셨습니다. 예수께서는 이러한 선포를 통해 인간들로 하여금 회개함으로 사단의 나라에서 벗어나서 믿음으로 하나님 나라에 들어오라고 초대하신 것입니다. 곧 하나님 나라의 "잔치"에 참여하게 하고 무한한 하나님의 부요함을 "상속" 받을 수 있게 하겠다고 약속하면서 사람들에게 하나님 나라로 들어오라고 초청하셨습니다. 예수는 하나님 나라의 구원을 빈 말로만 약속한 것이 아니라, 그것을 치유로 시위하면서 약속하셨습니다.

이 초대에 스스로 하나님의 경건한 백성이라 자처하는 바리새인들은 별로 응하지 않았지만, 가난한 자들과 병자들과 죄인들은 많이 응했습니다. 예수는 그가 선포하는 하나님의 나라를 받겠다고 나아오는 이들에게 그들의 죄가 용서되고 그들이 하나님의 참 백성 (자녀들)이 되었음을 확인해 주었습니다. 그래서 하나님을 "아빠"라고 부르며 기도함으로써 지금 벌써 하나님의 "아빠" 노릇 해주심을 덕입어 살게 한 것입니다(주기도문). 나아가서 그들이 종말에 완성될 하나님 나라에서의 "잔치"에 참여할 것(곧 하나님의 무한한 부요함에 참여하여 신적 생명, 영생을 얻을 것)을 보증해주고 그 첫맛을 지금 벌써 체험하도록 하기 위해 예수는 그들에게 잔치를 베풀어 주셨습니다. 그래서 예수가 즐겨한 것이 바로 죄인들과 먹고 마시는 일이었던 것입니다. 이것이 바로 아주 예수적인 행위입니다.

경건한 유대인들은 예수의 이러한 행태를 심히 비난하여 그를 "먹기 좋아하는 자", "술 좋아하는 자", 그리고 "세리들과 죄인들의 친구"라고 욕했습니다(마 11:19; 눅 7:34). 당시 바리새인들의 관점에서 보면 이런 비난은 치명적인 것이었습니다. 성속(聖俗)을 구분하는 모든 종교들에는 부정한 것과 접촉하면 부정 탄다(defilement by association/extension)는 원칙이 있습니다. 유대인들, 그중에서도 특히 바리새인들은 이 원칙에 따라 부정한 것들과 부정한 사람들(죄인들이나 세리들)을 철저히 피해 자신들의 성결을 유지하려고 노력했습니다. 그런데 예수는 이 원칙을 뒤집어 도리어 부정한 자들이 예수님과 어울려 거룩하게 됨(sanctification by association/extension)의 원칙으로 행동한 것입니다. 죄인들이 예수에게 나아와 그들의 죄가 용서되고, 문둥병자들이 예수의 만짐을 받아 깨끗해졌습니다(막 1:40-45 병행구절들). 예수가 죄인들과 먹고 마심으로 인해 그가 부정 탄 것이 아니고, 오히려 죄인들이 거룩한 하나님의 백성들이 되었던 것입니다.

예수는 이렇게 하나님 나라의 복음을 선포하여 하나님의 통치를 받는 새로운 백성을 창조하고자 한 것입니다. 그는 자신이 창조하는 새(곧 종말의) 하나님 백성의 공동체에는 유대 민족만이 아니라 온 세상의 모든 민족들로부터 많은 사람들이 와서 참여할 것으로 보았습니다(마 8:11; 눅 13:28). 이 궁극적인 목표를 위해 예수는 우선 시내 언약에 따라 하나님의 백성된 유대 민족에게 하나님의 통치를 실제로 받으라고 권고하여, 대다수가 거부하는 가운데서도 그 부름에 응한 자들을 그의 제자로 삼고, 그들 가운데 열둘을 택해 옛 하나님의 백성 이스라엘의 열두 지파에 상응하는 새 하나님 백성의 대표가 되게 한 것입니다.

2. 자신의 죽음을 통해서

이렇게 하나님 나라의 복음을 선포하여 하나님의 종말의 백성을 창조하고 모아가던 예수는 다시 자신이 유대 지도자들에 의해 죽임을 당할 것을 되풀이하여 예고했습니다(막 8:31 병행구절들; 9:31 병행구절들; 10:33 병행구절들; 10:45 병행구절; 14:18-25 병행구절들; 14:41 병행구절). 그리고 최후의 만찬 석상에서 그는 다가오는 자신의 죽음의 의미를 한편의 극으로 설명해주었습니다(막 14:18-25 병행구절들). 최후의 만찬 시점, 그때 쓰인 재료들, 예수의 동작(gestures) 등은 모두 극적 상징성을 가진 것들인데, 그것들은 한결같이 그의 죽음이 구원의 사건으로서 그가 마련한 잔치에 참여하는 자들에게 생명을 가져다주는 사건이라는 것을 드러냅니다. 유대인들에게 유월절은 출애굽의 첫 유월절 구원을 기념하고 종말에 그 유월절 구원의 재현을 희구하는 명절입니다. 그러므로 예수가 최후의 만찬을 유월절에 베푼 것은 자신의 다가오는 죽음이 종말의 유월절 구원을 가져오는 사건이라는 것을 나타내고자 해서였습니다. 예수는 떡(밥)과 포도주, 즉 음식으로 자신의 죽음의 의미를 상징하게 했는데, 그것은 자신의 죽음이 우리에게 생명을 주는 음식과 같은 것이라는 것입니다. 떡을 부숴뜨리고 빨간 포도주를 붓는 동작은 자신의 잔인한 죽음을 상징하는 것이었습니다. 이렇게 예수는 최후의 만찬의 극으로 자신의 다가오는 죽음의 의미를 설명한 것입니다. 다가오는 자신의 잔인한 죽음은 그의 하나님 나라의 복음을 받아드린 제자들에게 완성된 하나님 나라 잔치의 선취(先取)로서 종말의 유월절 구원의 사건이며, 그들에게 생명을 주는 사건이라는 것입니다.

이 뜻을 더욱 분명하게 하기 위해 예수는 두 마디의 해설을 달았다. 곧 "떡의 말씀"("이것이 나의 몸이다")과 "잔의 말씀"("이것이 많은 사람들을 위해서 흘리는 나의 언약의 피이다")입니다. 이 "잔의 말씀"은 몇 개의 구약 구절들을 반영하는 것인데, 첫째로 "많은 사람들을 위해서 흘리는"이란 구절은 이사야 53:10에서 인용된 것입니다. 이사야 53장은 이른바 네 번째 "주의 종"의 노래로서 "주의 종"이 자신의 목숨을 쏟아 부어서 패역한 하나님 백성의 죄를 덮어버리고(또는 씻어버리고) 그들을 "의롭게" 하는 제사(속죄제사)를 드리리라는 예언을 담고 있습니다.[5] 예수가 최후의 만찬에서 빨간 포도주를 부으면서 이 예언의 핵심 구절을 인용한 것은 자신의 다가오는 죽음이 이사야서의 이 예언을 성취하는 사건이라는 것, 즉 자신의 피흘려 죽음이 하나님 백성의 죄를 씻는 속죄제사로서 하나님의 백성을 "의롭게" 하는 구원의 사건이라는 것을 나타내고자 함이었습니다. "언약의 피"라는 말은 출애굽기 24:8에서 인용된 것이며 동시에 예레미야 31:31-34의 유명한 "새 언약"의 예언과 이사야 42장과 49장에 나오는 "주의 종"의 노래들을 반영하는 것입니다. 그 말로 예수는 자신의 다가오는 죽음이 예레미

---

5) 죄를 씻음 (또는 덮음, 또는 죄를 용서함)은 의롭게 함과 마찬가지로 하나님과 올바른 관계로 회복시킴이라는 뜻을 가진 말이다. 후자가 같은 뜻을 긍정적으로 표현하는 반면, 전자는 부정적으로 표현하는 차이만 있다.

야 31:31-34의 예언을 성취하여 "새 언약"을 세우는 제사로서, 이스라엘을 하나님의 백성으로 만들었던 옛 시내산 언약(출 24:8)에 상응하여, 새 하나님의 백성을 창조하는 사건임을 나타내고자 한 것입니다. 이사야 42:6과 49:8에 이것이 "주의 종"의 사명들 중 하나라고 예언되어 있는데, 예수는 자신이 죽음을 통해 바로 이 "주의 종"의 역할을 감당한다고 말하고 있는 것입니다.

요약하건데, 최후의 만찬에서 "잔의 말씀"으로 예수는 자신이 이사야 42-53장에 예언된 "주의 종"의 역할을 감당하여 속죄 제사로 그리고 새 언약을 세우는 제사로 자신의 목숨을 내놓는다고 말한 것입니다. 이렇게 예수는 자신의 죽음을 속죄 제사와 새 언약의 제사라는 두 개의 범주들로 해석했습니다. 예수는 자신의 죽음을 죄가 씻어져 의롭게 된 (하나님과 올바른 관계로 회복된) 새 하나님의 백성을 창조하는 사건(새 언약의 제사)으로 설명한 것입니다. 그의 죽음이 바로 이러한 사건이기에 그것은 종말의 유월절 구원으로서 생명을 가져다주는 사건인 것입니다.

예수가 자신의 죽음을 이렇게 이해했음을 깨닫게 되면, 그가 그의 하나님 나라의 선포와 그의 죽음을 어떠한 관계 속에서 보았는가를 알게 됩니다. 간단히 말하자면, 예수의 하나님 나라 선포와 그의 죽음은 "약속"과 "성취"의 관계에 있다는 것입니다. 그의 하나님 나라 선포는 우리에게 '사단의 통치로부터 해방된(즉 죄 용서된/의로운) 하나님의 백성으로 만들어 주겠다, 그리하여 하나님의 "아빠" 노릇해 주심을 덕입어 살게 해 주겠다, 그의 신적 생명 (영생)을 얻을 수 있게 해 주겠다'는 "약속"이고, 그런 복을 받으라는 "초대"였습니다. 그의 죽음은 이 "초대"에 응하는 사람들에게 이 "약속"을 성취하여 그들이 실제로 하나님의 의로운 백성(자녀들)이 되게 하는 속죄와 새 언약의 제사였던 것입니다. 그러므로 예수는 그의 하나님 나라의 선포로 "약속"한 바를 그의 죽음으로 "성취"해주려 한 것입니다.[6]

이렇게 하나님 나라의 선포와 자신의 죽음의 두 단계들을 통하여 예수는 하나님의 통치를 받는 하나님의 백성을 창조하고 모으려 한 것입니다.

---

[6] 20세기 초 H. J. Holtzmann 이래 많은 비판적인 학자들은 이 관계를 이해하지 못하고, 예수가 하나님 나라를 선포하여 구원을 이루려 하였다면 어떻게 그의 죽음을 통하여도 구원을 이루려 했겠느냐고 물으면서 그가 그의 죽음을 구원의 사건으로 보았을 리가 없다고 주장한다. 이 문제에 대한 자세한 답을 위해서 필자의 책 『예수와 바울』(서울: 두란노, 2001), 210-266쪽에 있는 논문 "신약에 있어서 예수의 죽음에 대한 해석"을 참조하라.

2부
사도들의 그리스도의 죽음과 부활의 복음

Chapter
7 예수의 죽음

　　　　　예수가 자신의 다가오는 죽음을 종말론적인 속죄와 새 언약의 제사로 보았으므로 자연히 예루살렘 성전은 이제 그 수명이 다한 것으로 볼 수밖에 없었습니다. 그는 사실 예루살렘 성전과 그것이 상징하는 유대 민족의 체제가 이 더 이상 개선할 수 없이 타락하여 하나님의 임박한 심판에 직면해 있다고 보았습니다. 그래서 그는 그 성전을 무시해버리고, 자신이 하나님으로부터 위임받은 권세로 죄인들의 용서를 선언하기도 하고(예: 막 2:1-12 병행구절들), 부정한 자들을 깨끗하게 되었다고 선언하는(예: 막 1:40-45 병행구절들) 등 성전과 제사장 기능을 수행했던 것입니다.

급기야는 유월절에 성전에 가서 그곳에서 제사드릴 제물을 사고파는 일을 방해하는 시위까지 한 것입니다(막 11:15-19 병행구절들). 이 사건을 보통 "성전 청결"이라 부르며 예수가 거룩한 성전 마당에 장(場)이 서는 것을 보고 의분을 일으켜 타락한 성전을 소제하려 한 것으로 이해합니다. 예를 들어 해방신학자들은 그것을 예수가 성전을 이용하여 민중을 착취하던 사두개파 제사장 체제에 무력으로 도전한 것으로 해석하기도 합니다. 그러나 그 사건에 대해 성전 권세자들이 행한 예수의 예비 심문(막 11:27-12:12 병행구절들)에서 드러나는 예수의 의도는 이 두 해석들이 옳지 않다는 것을 말해줍니다. 이 예비 심문에서 예수는 자신이 세례 요한으로부터 세례를 받을 때 하늘(곧 하나님)로부터 위임받은 하나님의 아들의 권세로 그 시위를 한 것임을 암시합니다. 그리하여 자신이 사무엘하 7:12-14의 나단의 신탁에 의거하여 성전을 건축하는 다윗의 아들(곧 메시아) – 하나님의 아들임을 은근히 나타냅니다. 예수는 하나의 비유로 이 예비 심문에 대한 결론적인 답을 하는데(막 12:1-12 병행구절들), 그 내용의 핵심은 하나님께서 그의 백성 이스라엘에게 올바른 하나님의 백성이 될 것을 촉구하기 위해 여러 선지자들을 보낸 후 하나님의 아들인 자신을 마지막 사자로 보내셨다는 것입니다. 하지만 성전을 중심으로 이스라엘을 다스리는 지도자들은 자신의 하나님 나라 선포를 거부하고 도리어 자신을 죽일 것이며, 하나님은 그들을 심판하시고 예수 자신을 죽음에서 부활시켜 참 성전의 모퉁이 돌이 되게 하리라는 것입니다. 예수를 예비 심문한 성전 지도자들은 이 답에서 예수가 자신이 메시아, 곧 '다윗의 아들-하나님의 아들'로서 나단의 신탁에 따라 새 성전을 건축하겠다고 주장하는 것임을 깨달았습니다. 그들은 이 답을 예루살렘 성전이 하나님의 심판으로 완전히 파괴되리라는 예수의 예언(막 13:2 병행구절들)과 연결시켜, 예수가 새 성전을 건축하겠다고 주장했으며, 그러기 위해 예루살렘 성전을 때려 부수겠다고 위협했다고 유대 최고 재판소인 산헤드린에 정식으로 기소하여 재판하게 된 것입니다(막 14:53-64 병행구절). 이러한 전후 맥락으로 볼 때, 예수의 성전에서의 소란 피움은 하나의 선지자적 시위 행위로서, 그 타락한 성전은 곧 하나님의 심판에 의해 파괴되리라는 것과 자신이 하나님의 아들로서 나단의 신탁에 따라 새 성전을 건축하리라는 것을 나타낸 것이었습니다.

예수의 하나님 나라 선포와 그의 죄인들을 영접하는 행태를 비난하던 바리새인들과, 그의 메시아 운동 또는 하나님 나라 운동을 자신들에 대한 도전으로 그리고 로마인 통치자들을 자극하여 유대 민족의 안위를 위협하는 불장난으로 본

(요 11:45-52) 사두개 제사장 무리들은 예수의 성전 시위를 직접적인 구실로 삼아 그를 체포하여 산헤드린 재판에 회부한 것입니다(막 14:53-64 병행구절). 이 재판에서 예수에게 붙여진 죄목은 그가 "손으로 지은"(즉, 인간적인) 예루살렘 성전을 파괴하고 "손으로 짓지 않은"(곧, 하나님의 초월의 힘으로 지은, 돌과 나무로 되지 않은) 성전을 "사흘"만에 짓겠다고 주장했다는 것이었습니다. 대제사장이 예수에게 이것에 대해 추궁하자 예수는 대답하지 않습니다. 그것은 이 죄목이 자신의 주장을 일부 왜곡한 것이기도 하고(성전을 하나님이 심판하여 파괴하리라고 예언했지 예수 자신이 파괴하겠다고 위협하지 않음), 일부 오해하기도 한 것이었기 때문이었습니다. 그가 짓겠다는 성전은 하나님의 백성의 공동체였는데, 산헤드린은 그것을 당시의 예루살렘 성전을 대치할 건물로 오해했습니다. 예수의 무응답에 대해 대제사장은 또 물었습니다. 예수가 메시아, 곧 하나님의 아들이라고 주장하느냐고 말입니다.

최근까지 심지어 학자들까지도 앞의 성전 죄목과 이 메시아(하나님의 아들) 죄목이 어떻게 서로 연결된 것인가를 몰라, 일부 학자들은 후자를 비역사적인 것이라고 주장하기도 했습니다. 그러나 대제사장은 사무엘하 7:12-14의 나단의 신탁에 근거해 심문한 것이고, 그것에 근거하여 한 두 질문은 사실 하나의 질문에 대한 두 표현들일 뿐입니다. 예수가 새 성전을 건축하겠다고 주장한다면(성전 죄목), 그는 분명히 나단의 신탁을 성취하는 다윗의 아들(메시아), 곧 하나님의 아들이라고 주장하고 있는 셈입니다. 그래서 대제사장은 전자에 대한 심문에 예수의 답을 얻지 못하자 후자 쪽으로 물어본 것입니다. 이 두 번째 질문에 예수가 수긍하는 답을 하자, 대제사장은 그가 "참람죄"를 저질렀다 하여 사형 언도를 내립니다. "참람죄"란 하나님의 이름을 욕되게 한 죄를 말합니다. 대제사장이 보기에 빈약한 인간 예수가 메시아 또는 하나님의 아들이라 주장한 것이 참람죄가 아니라 성전을 때려 부수겠다고 한 것이 참람죄였다는 것입니다. 대제사장과 산헤드린의 신학자들 입장에서 보면, 예수가 메시아 곧 하나님의 아들이라 수긍한 것은 곧 나단의 신탁에 의거해 성전을 짓겠다는 것을 의미하는 것이었습니다. 또 성전을 짓겠다고 하는 것은 당시 서 있는 예루살렘 성전을 때려 부수겠다는 것으로 대제사장과 산헤드린 신학자들은 받아들였던 것입니다. 구약에 의하면 성전은 하나님의 이름이 거처하는 곳입니다. 그러므로 성전을 부수어버리겠다는 것은 곧 하나님의 이름을 욕되게 한 죄, 즉 참람죄를 범한 것입니다.

대제사장과 산헤드린은 예수를 당시 로마의 유대 총독 빌라도에게 고소했습니다. 그가 메시아, 곧 나단의 신탁을 성취하는 '다윗의 아들-하나님의 아들'이라 주장하는 것은 다윗 왕조를 재건하는 다윗적 왕이라고 주장한 것이라고 해석하면서 정치범으로 다루도록 고소한 것입니다. 그래서 로마의 총독 빌라도로 하여금, 이런 주장을 하는 예수를 로마 황제에 대한 반란을 꾀하는 자로 재판하지 않으면 안 되도록 고소하고 충동한 것입니다. 로마법에 따르면 이런 반란자에 대한 벌은 십자가에 달아 처형하는 것이었습니다. 대제사장과 유대 지도자들이 노린 것은 예수가 로마인들에 의해서 바로 이러한 십자가 처형을 받는 것이었습니다. 유대 지도자들이 예수의 재판사건을 스스로 다루기를 주저하면서, 유대 법대로 스스로 처리하라는 빌라도에게 압력을 넣으면서까지 굳이 빌라도로 하여금 로마법대로 처리하게 한 것은 예수를 꼭 십자가에 달아 처형하고 싶어서였습니다. 그들이 만일 모세의 법(신명기)대로 예수를 처리한다면 그를 거짓 선지자/메시아로 정죄하고 돌로 쳐 죽이는 사형을 집행해야 했을 것입니다(신 13장; 17-18장). 그런데 그렇게 되면 예수의 추종자들은 얼마든지, 당시 참 선지자는 패역한 백성에 의해 꼭 순교 당한다는 유대 사회에 만연된 사상에 따라 예수를 당시 부패한 유대 지도자들에 의해 순교를 당한 참 선지자로 인식하게 될 것입니다. 그러면 예수를 죽인 것이 오히려 예수를 더욱 추앙하고 그의 하나님 나라 운동이 더 활발하게 일어나게 할 빌미가 될 수도 있게 됩니다(세례 요한의 순교 후 요한 운동이 계속된 사례를 참조). 그런데 신명기 21:23에 있는 모세의 법에 의하면, 나무에 매달려 처형된 자는 하나님의 저주를 받은 자라고 할 수 있었습니다. 그러기에 유대 지도자들은 예수를 빌라도에 의해 십자가에 매달아 처형되게 함으로써, 예수가 거짓 메시아로서 하나님을 욕되게 하여 하나님의 법(신 21:23)대로 하나님의 저주를 받아 죽은 것이라고 온 유대 민족에게 드러나게 만들고 싶었던 것입니다. 그들은 이렇게 하여 예수의 운동을 효과적으로 종식시키고자 한 것입니다.

이리하여 예수는 "유대인들의 왕"(나단의 신탁에 따른 메시아, 곧 다윗의 아들-하나님의 아들의 로마적 표현)이라고 주장했다는 죄목이 붙여진 십자가에 못 박혀 처형되었던 것입니다. 그리고 이렇게 십자가 나무에 달린 예수를 본 그의 제자들과 추종자들은, 유대 지도자들이 노린 대로, 예수가 신명기 21:23에 의거 하나님의 저주를 받은 거짓 메시아라고 생각할 수밖에 없을 것이며, 그러면 모두 환멸과 두려움 속에서 흩어질 것이라고 생각한 것입니다.

Chapter

8 예수의 부활과 사도들의 복음의 기원

           그런데 예수는 다시 산 자로 그의 제자들에게 나타났습니다. 그가 부활한 것입니다. 부활은 하나님의 행위입니다. 부활은 생명이 없는 곳에 생명을 빚은 사건이기 때문에 창조주 하나님만이 하실 수 있는 일입니다. 그래서 신약성경은 하나님께서 예수를 죽은 자들 가운데서 일으키셨다고 하기도 하고, 하나님의 행위를 하나님의 이름을 거론하지 않고 기술하기 위해 수동형으로 표현하는 유대인들의 습성에 따라 예수 그리스도께서 죽은 자들 가운데서 "일으켜졌다"고도 자주 말합니다.

  하나님께서 예수를 죽은 자들 가운데서 일으키셨다는 것

은 그의 옳음을 선언(vindicate)하신 것입니다. 베드로나 요한 같은 예수의 제자들의 입장에 서 보십시오. 예수께서 십자가에 달려 죽는 모습을 보면서 그들은 그가 거짓 메시아로서 하나님의 저주를 받았다고 생각하며 모두 도망갔습니다. 그런데 하나님에 의해 부활된 예수가 그들 앞에 다시 나타났을 때, 그들은 가장 먼저 무엇을 깨달았겠습니까? 그것은 하나님이 예수의 모든 주장들을 옳다고 인정하셨다는 것이었습니다. 예수가 하나님의 권세를 위임받고 보냄을 받아서 온 "그 '사람의 아들'"로서(예: 막 2:10 병행구절들), 즉 하나님의 아들로서 하나님의 통치를 대행한다고 한 주장을 옳다고 인정한 것입니다. 예수의 하나님 나라 선포를 전적으로 옳다고 확인한 것입니다. 예수가 우리를 하나님의 백성들 즉 자녀들로 만들어주겠다고, 그래서 하나님의 무한한 상속자가 되어 그분의 잔치에 참여하게 해주겠다는 그 약속을 하나님이 옳다고 인정한 것입니다. 자신의 죽음이 우리를 하나님의 의로운 백성으로 만들기 위한 대속의 제사요 새 언약의 제사라고 한 예수의 주장이 옳다고 인정한 것입니다. 그렇다면 예수의 죽음은 "우리의 죄를 위해서" 또는 "우리를 위해서" 죽은 것입니다. 우리의 죄 때문에 십자가의 죽음에 '넘겨진' 것입니다. 그가 십자가에서 하나님의 저주를 받아 죽었는데, 그것은 우리의 죄를 위해, 우리를 대신하여 받은 것입니다. 바로 이런 인식들이 예수의 부활에 의해 확고해졌습니다. 하나님께서 예수를 옳다고 인정하고, 그의 주장들을 확인(confirm)시켜주셨기 때문입니다. 그래서 신학적 혼란과 신변의 안위에 대한 두려움에 빠져 흩어졌던 제자들은 다시 모여서 "예수가 메시아다"라고 선포하기 시작한 것입니다.

예수의 부활은 또한 예수가 선포한 신, 곧 이스라엘의 신이 참 창조주 하나님임을 드러낸(계시한) 사건이기도 합니다. 예수를 부활시킴으로써 예수가 대표했던 신이 스스로를 참 창조주 하나님이라고 증거한 것입니다. 또 예수는 (구약)성경을 하나님의 말씀으로 이해하고 자신의 하나님 나라 선포와 자신의 죽음을 이 구약성경에 의거하여 설명했으며, 성경에 담긴 하나님의 약속을 종말론적으로 성취한다고 주장했는데, 그것이 예수의 부활로 말미암아 옳은 것으로 드러난 것입니다.

여기서 우리가 한 가지 생각해볼 것이 있습니다. 우리는 예수가 자신의 죽음을 이스라엘의 출애굽 사건과 성전에서의 속죄 제사의 모형들을 종말론적으로 성취하는 구원의 사건이라고 해석한다든지, 자신이 사무엘하 7:12-14, 다니엘 7장, 또는 이사야 42-53장 등의 예언들을 성취하는 종말의 구원자(메시아)라고 했다는 것을 확인했습니다. 그렇다면 어떻게 이스라엘이라는 특수한 민족의 역사와 그들의 경전인 성경에 배경을 둔 예수의 사건이 온 인류를 위한 보편적 구원의 사건이 될 수 있을까 하는 의구심을 가질 수 있습니다. 이것에 대한 확실한 대답이 바로 부활입니다. 왜냐하면 이 예수의 부활 사건은 예수의 신 곧 이스라엘의 신이 참 신이며, 그 신이 주장하신 이스라엘의 역사가 진정한 구원사이며, 그 신이 그들에게 하신 말씀의 모음인 성경이 참 경전이며, 그러기에 그 속에 담긴 약속들을 성취한 예수의 사건이 참 신의 온 인류를 위한 종말론적이고 보편적인 구원의 사건임을 증명하는 것이 되기 때문입니다. 궁극적으로 예수의 부활이라는 독특한 사건은 2000년 전 유대 땅에서 활동한 한 사람, 이 예수를 통해 초월의 하나님께서 특별히 자신을 계시하셨음을 밝힌 것입니다.

예수의 부활을 체험한 제자들은 이제 자연히 그 부활의 빛에 비추어 예수의 하나님 나라 선포와 그의 죽음을 보고 새롭게 이해하게 되었습니다. 앞에서 우리는 그의 하나님 나라의 복음 선포는 우리를 하나님의 백성으로 만들어 하나님의 상속자 되게 하고, 하나님의 잔치에 참여하게 해주겠다고 약속하며, 우리를 하나님 나라로 들어오라고 초대한 것이라고 말했습니다. 또 그의 죽음은 그 약속을 성취하여 실제로 우리를 죄가 씻긴 (또는 의로운, 즉 하나님과의 올바른 관계로 회복된) 하나님의 백성으로 창조하기 위하여 자신의 목숨을 대속과 새 언약의 제사로 바친 사건이라는 것을 살펴보았습니다. 다시 말하면, 예수의 의도에 있어 그의 하나님 나라의 복음 선포와 그의 죽음은 약속과 성취의 관계에 있다는 것을 살펴보았습니다.

그렇다면, 예수의 부활 이후 그의 제자들이 하나님께서 예수를 부활시켜 그의 이러한 가르침과 주장을 옳다고 인정했음을 깨달았을 때, 어디에 그들의 관심의 초점이 놓이게 되었겠습니까? 즉, 그들에게 있어서 예수가 하나님 나라의 복음을 선포해서 우리를 하나님의 백성(자녀들)으로 만들어 하나님의 신적 생명(영생)을 얻도록 해주겠다고 약속했다는 것이 더 중요하였겠는가, 아니면 그의 죽음으로 그런 약속을 성취했다는 것이 더 중요했겠는가 하는 것입니다. 두말할 필요도 없이 후자가 더 중요했습니다.

이런 이유로 부활 이후 사도들의 케뤼그마(복음 선포)는 그의 죽음에 초점이 맞추어져 있습니다. 하나님 나라의 복음을 성취하신 그의 죽음에 초점을 맞추고 있습니다. "그리스도가 우리(죄)를 위해 죽었다." 그리스도의 죽음은 우리를 위한 대속의 제사요 새 언약의 제사로서, 우리의 죄 문제를 해결하고 우리를 하나님께 회복시켜 하나님의 의로운 백성, 곧 하나님의 자녀들이 되게 한 사건입니다. 이것이 바로 예수의 종말의 구원 행위였습니다. 즉, 그의 행위는 메시아(종말의 구원자)로서 한 행위(messianic act)였습니다. 그러므로 그의 죽음은 "메시아적 사건" 또는 "그리스도 사건"(Christ-event)이었습니다. 바로 우리를 위한 대속과 새 언약의 제사를 통해 우리로 하여금 하나님 백성의 공동체를 창조한 것입니다. 이것이 바로 우리를 위한 예수의 종말의 구원자적 행위입니다. 왜냐하면 그것이 우리로 하여금 하나님과 올바른 관계로 회복되어서, 창조주의 무한한 부요함을 덕입어 살게 하는, 다시 말해 피조물의 궁핍함에 떨어진 아담의 숙명을 극복하게 하는 구원의 행위이기 때문입니다.

그런데 예수의 죽음이 우리를 위한 구원 사건이라는 것을 무엇이 증명해줍니까? 예수의 부활입니다. 이런 이유로 사도들의 선포에 예수의 죽음과 부활이 항상 같이 등장하는 것입니다. 예수의 '죽음'이 그의 "메시아"(그리스도)로서의 구원의 행위의 중심이고, 그러기에 사도들의 선포의 초점이 되었습니다. 그런데 그의 죽음이 케뤼그마의 초점이 되게 하는 것이 바로 그의 부활입니다. 따라서 예수 그리스도의 죽음과 부활은 분리될 수 없습니다. 바울은 보통 예수 그리스도의 죽음과 부활의 복음을 말하는데, 아주 예리하게 말할 때는 그의 죽음에 집중하여 "나는 십자가에 달린 그리스도 외에는 아무 것도 알지 않기로 했다"고 말합니다(고전 2:2). 예수의 하나님 나라 복음 선포를 통한 '약속'과 그의 죽음을 통한 그 약속의 '성취', 그리고 그의 부활을 통한 그 성취의 '확인,' 이 세 가지는 서로 불가분의 관계에 있습니다. 이들은 상호간 해석을 도와줍니다. 그럼에도 불구하고 예수 그리스도의 구원의 행위의 중심은 그의 죽음입니다.

예수는 "하나님 나라"의 복음을 선포하였는데 왜 그의 사도들은 "예수 그리스도의 죽음과 부활"의 복음을 선포하였는가, 그들이 과연 서로 다른 복음들이었는가, 아니면 어떻게 상호 연결되어 있는가 등의 문제로 우리는 이 책을 시작했습니다. 이제 우리는 이 둘이 어떻게 하나의 복음을 이루는가를 깨닫게 되었습니다. 그리고 왜 예수의 "하나님 나라"로 표현된 복음이 사도들의 "예수 그리스도의 죽음과 부활"의 복음으로 대치될 수밖에 없었는가도 깨닫게 되었습니다. 그러므로 예수와 그의 사도들이 같은 복음을 선포하면서도 다른 언어를 사용하게 된 이유는 한마디로, 예수는 그의 죽음과 부활에서 성취될 구원을 향하여 가면서 그의 하나님 나라의 선포로 그 구원을 약속했기 때문이고, 그의 사도들은 그의 죽음과 부활의 관점에서 이미 성취된 그 구원을 뒤돌아보며 선포했기 때문입니다. 즉 관점의 차이 또는 구원사적 시점의 차이에서 유래한 것이라는 말입니다.

Chapter
사도들이 선포한 복음

이렇게 기원한 복음, 즉 예수 그리스도의 죽음과 부활을 통해 우리를 위한 하나님의 구원이 이루어졌다는 기쁜 소식을 사도들은 주로 구약과 예수의 가르침에서 얻은 다양한 그림 언어들(imageries ; metaphors)을 동원하여 선포하기 시작했습니다. 그들 중 대표적인 몇 개만 들어 여기서 간략하게 설명하도록 하겠습니다.

1. 예수는 우리 (죄)를 위해서 죽은 메시아(그리스도)다

그 그림 언어들 가운데 가장 기본적인 것이 "메시야"이고, 그 칭호를 이용하여 선포된 복음이 "예수가 메시아다"라는 것입니다. "메시아"는 "기름부음 받은 자"라는 뜻을 가진 히브리말이고, 그것을 문자적으로 번역한 그리스어가 "크리스토스"입니다. 그래서 사람들은 대개 "예수가 메시아다"라는 신약성경의 선포는 예수가 "기름부음 받은 이"라는 뜻을 가진 것이라고 단순히 생각하는데, 이것은 이해가 많이 부족한 것입니다. 구약에서 "기름부음"은 하나님께서 그의 구원사에서 쓰실 일꾼을 세우는 의식입니다. 그래서 구약에서는 이스라엘의 왕들, 제사장들, 또는 선지자들이 "기름부음" 받아 하나님의 일꾼들로 세움을 받았습니다. 그러므로 그들도 "메시아"들인 셈입니다. 이들만이 아니라 심지어 페르시아의 왕 고레스도 하나님께서 바빌론에 포로로 끌려간 자기 백성을 구출하기 위해 세운 일꾼이므로 "메시아"라고 부릅니다(예: 사 45:1). "메시아"라는 말이 이렇게 쓰일 때는 하나님에 의해 "기름부음 받아 세워진 일꾼"이라는 뜻을 가진 보통명사입니다. 그러나 이 보통명사가 중간사 시대(구약과 신약의 사이 시대, 대략 BC 200년-AD 30년)에는 유대인들의 종말에 있을 하나님의 구속에 대한 기대가 간절해지면서부터 하나님의 종말의 구원을 이루도록 세워질 일꾼을 지칭하는 고유명사로 발전했습니다. 그래서 신약 시대에 이르러 "메시아"는 종말의 구원자라는 뜻을 가지게 된 것입니다. 따라서 예수가 메시아라는 말은 예수가 종말의 구원자란 뜻입니다. 즉 하나님의 종말의 구원을 실현하도록 세움 받은 하나님의 일꾼이란 뜻입니다.

그러면 예수는 어떤 "메시아"였습니까? 다시 말하면, 그가 이룬 종말의 구원이란 무엇입니까? 유대인들은 나단의 신탁에 의해 다윗 왕조를 문자적으로 재건하고 유대 민족으로 하여금 모든 민족들 위에 군림하게 하는 "메시아"를 기대했습니다. 즉 정치적 자유와 사회적 정의와 평화, 그리고 경제적 풍요를 그 "메시아"가 가져다 줄 구원이라고 생각했습니다. 그러나 예수는 다윗 왕조를 재건하지 않았고, 로마로부터 이스라엘을 독립시키지도 않았습니다. 예수의 메시아적 행위는 그의 죽음이었습니다. 우리를 위해 자신의 목숨을 대속과 새 언약의 제사로 드려 우리의 죄 문제를 해결하고 우리를 하나님과 올바른 관계로 회복시키는 것, 곧 하나님의 백성이요 자녀들이 되게 해서 창조주 하나님의 무한한 부요함을 상속받게 한 것, 즉 하나님의 신적 생명(영생)을 얻게 한 것, 바로 그것이 예수가 가져온 구원이었습니다. 그의 죽음이 그런 구원을 가져왔으므로 바로 그의 죽음은 메시아적 사건이었습니다.

그래서 신약 성경은 "메시아"("그리스도") 칭호를 예수의 죽음과 부활과 직결시켜(예: 고전 3-5장; 롬 3:24-25;

6:4-11; 8:11, 34; 고전 1:17, 23; 2:2; 5:7; 15:12-20; 고후 5:14, 21; 갈 3:1, 13; 벧전 1:3; 3:21) 그의 죽음과 부활이 그의 "메시아"("그리스도")적 행위였고, 우리를 위한 종말론적 구원의 사건이었음을 말합니다. 그래서 신학자들은 예수의 죽음과 부활을 "그리스도 사건"(the Christ-event) 또는 "구원의 사건"(das Heilsgeschehen; the saving event)이라고 지칭하는 것입니다. 특히 "그리스도가 우리(죄)를 위해 죽었다"(예: 고전 15:3; 롬 5:6, 8; 14:9, 15; 고전 8:11; 갈 2:21; 살전 5:10; 벧전 2:21; 3:18)는 이른바 "죽음의 형식"(the death-formula)에는 항상 "그리스도"(메시아)라는 칭호가 사용됩니다. 예수의 죽음이 바로 그의 메시아(그리스도)적 행위의 핵심이었기 때문에, 사도들은 이 문형으로 그의 메시아적 구원을 선포한 것입니다.

예수 그리스도의 죽음이 *어떻게* 우리의 죄 문제를 해결하여 우리에게 구원을 가져다주는가, 곧 그 작용원리(modus operandi)를 설명하기 위해 사도들은 구약 성경의 성전 제사에 대한 가르침과 그것을 이용하여 자신의 죽음의 의미를 설명한 예수의 가르침에서 지침을 얻었습니다. 그리하여 그들은 예수 그리스도의 죽음이 우리의 죄를 "씻어버린 제사" 또는 "덮어버린 제사"(expiatory sacrifice; 속죄 제사)였다고 설명하기도 하고, 그것이 그리스도가 우리 "대신" 우리의 죄에 대하여 "벌 (저주) 받음"이었다고 설명하고 그리하여 그것은 결국 죄인들에 대한 하나님의 "진노"를 "풀어 버린 제사"(propitiatory sacrifice)였다고도 설명했습니다(예: 롬 3:24-25; 8:3; 고후 5:21; 갈 3:13; 히 9:12; 벧전 3:18; 요일 2:2; 4:10). 그러니까 예수 그리스도의 죽음은 우리를 죄와 죄가 가져오는 죽음으로부터 그리고 죄를 통해 우리 위에 군림하는 사단의 세력으로부터 우리를 "속량"(사서 해방; redeem)한 것입니다(예: 롬 3:24; 고전 1:30; 갈 3:13; 4:4-6; 엡 1:7, 14; 골 1:14; 히 9:15). 이리하여 예수 그리스도의 죽음은 죄인들을 "의인들"로 만들었다는 것입니다. 즉 죄인들을 하나님과 올바른 관계로 회복시켰다는 것입니다.

예수 그리스도의 죽음이 어떻게 우리의 죄 문제를 해결했는가를 설명하는 이런 그림들과 함께, 사도들은 예수 자신의 해석에 따라 보다 긍정적인 "새 언약을 세우는 제사"라는 그림을 사용하기도 했습니다(고전 11:23-26; 히 9:15). 그리하여 사도들은 예수 그리스도의 죽음은 새 언약을 세우는 제사로서 우리를 하나님의 새로운 (종말의) 백성이 되게 했다고 선포한 것입니다. 또 그리스도의 죽음을 통해 이루어진 종말의 구원을 이스라엘의 첫 구원의 사건인 출애굽 구원의 모형론적 완성으로 봐서, 그리스도의 죽음을 출애굽 당시 희생된 "유월절 양"의 그림으로 설명하기도 했습니다

(요 1:29, 36; 19:4; 고전 5:7; 계 5:12 및 여러 곳). 출애굽 모형론만이 아니라, 아담 모형론으로 설명하기도 했습니다. 그리스도의 죽음이 우리를 위한 구원을 이룰 수 있었던 것은 그것이 첫 아담의 불순종에 반한 "마지막 (즉 종말의) 아담"으로서의 하나님에 대한 순종이어서, 우리로 하여금 옛 창조의 조상 아담이 지워준 숙명, 곧 하나님에 대한 불순종의 뒤틀린 관계를 청산하고, 그가 새 창조의 조상으로서 회복한 하나님과 올바른 관계에 참여시켰기 때문입니다(롬 5:12-21).

그리스도의 죽음을 통한 구원은 인간들이 스스로 공로를 쌓아서 얻는 것이 아니라, 하나님의 보냄을 받은 예수 그리스도가 우리를 위해 십자가의 죽음에 자신을 내어 줌으로써 이루어진 것입니다. 그러므로 그것은 예수 그리스도의 우리를 위한 사랑의 사건이고(고후 5:14; 요 13:1), 궁극적으로는 우리를 위한 하나님 사랑의 사건입니다. 즉 "은혜"(대가 없이 주어진 사랑)의 사건입니다. 이 사실을 사도들은 이른바 "내어줌의 형식"(the giving-up formula)을 통해 표현했습니다. 하나님께서 우리의 구원을 위하여 예수 그리스도를 십자가에 "넘겨주셨다"는 것입니다(예: 롬 4:25; 8:32; 갈 2:20; 요 3:16). 사도들은 이 "내어줌의 형식"을 특별히 하나님의 사랑을 강조하고자 할 때 사용했습니다. 그래서 이 형식은 주로 "하나님의 아들"이라는 칭호와 함께 사용됩니다. "하나님께서 우리를 사랑하셔서 그의 아들을 아끼시지 않고 내어주셨다"(롬 8:32). "하나님이 세상을 이처럼 사랑하셔서 그의 독종자(獨種子 – 독특한, 그 種에 있어 하나뿐인 아들)를 주셨다"(요 3:16). 그리스도의 십자가에서의 죽음이 이와 같이 우리에 대한 하나님의 사랑의 시위였기에 그것은 우리의 구원의 사건이 되는 것입니다. 오직 사랑만이 문제를 해결하는 것입니다. 오직 창조주의 사랑만이 궁극적으로 피조물들의 모든 문제들을 해결하는 것입니다. 그리스도의 죽음은 피조물들의 모든 문제들, 그 문제들로 현상화하는 근본 문제, 곧 죽음을 해결하는 창조주의 사랑의 나타남이었던 것입니다. 그러므로 그리스도의 죽음이 "복음," 좋은 소식 또는 기쁜 소식인 것입니다.

그리스도의 죽음을 통하여 이루어진 구원을 실제로 덕입는 길은 믿음입니다. 즉 믿음이 그리스도를 통하여 이루어진 우주적으로 보편적이고 객관적인 구원의 사건을 우리 개개인의 실존적 구원의 사건으로 효력을 발생하게 하는 방도인 것입니다. 믿음은 근본적으로 복음, 즉 "그리스도가 우리(죄)를 위해 죽고 부활했다"는 선포를 받아들이는 것인데 (이것을 축약하여 "그리스도를 믿음"/to believe in Christ 이라고 함), 이 받아들임은 우리를 우리들의 대신이요 대표로 죄에 대해 죽고 신적 삶에로 부활하신 그리스도와 연합시키고("그리스도와 함께"/with Christ) 그 안에 내포시켜 ("그리스도 안에"/in Christ), 하나님 앞에 그의 됨됨(what he is)이 우리의 됨됨이 되게 하고, 그가 하신 일(what he has done)이 우리가 한 일이 되게 하는 것이기 때문입니다. 그래서 믿음으로 말미암아 우리는 예수 그리스도와 함께 죄에 대해 죽고 새로운 삶에로 부활하게 되는 것이며, 하나님의 아들 됨에 참여하여 하나님의 자녀들이 되는 것입니다.

그러나 그리스도의 구원은 종말론적인 유보 구조를 가지고 있습니다. 그리스도의 죽음과 부활로 하나님의 종말의 구원이 이미 일어났습니다. 그리스도의 죄에 대한 죽음으로 죄 문제에 대한 결정적 해결이 이루어진 것입니다. 그의 부활로 "오는 세대" 또는 하나님 나라의 신적 생명(영생)이 죽음을 꺾고 이 세상에 결정적으로 침투한 것입니다. 그리스도의 죽음과 부활은 죽음을 가져다주는 사단에 대한 결정적 승리입니다. 그러므로 사단의 죽음의 현상들인 질병들을 하나님의 영(성령)의 힘으로 치유하면서 하나님의 생명의 통치를 시위하던 예수 그리스도가 죽음을 이기고 부활한 것은 하나님의 생명의 통치가 사단의 죽음의 통치를 확실히 꺾은 것을 증명하는 것입니다. 그러나 아직 죄와 죽음의 세력은 완전히 제거된 것이 아닙니다. 그래서 죽은 자들이 부활하고 살아 있는 자들이 죄와 죽음이 없는 신적 생명을 누리는 축복은 주 예수 그리스도가 다시 와서 그의 구원을 완성할 때 주어질 것입니다. 그러므로 예수께서 하나님 나라의 선포로 약속한 구원이 그의 죽음과 부활에서 결정적으로 실현되었지만, 그것은 마치 제 2차 세계대전 중 1944년 6월에 연합군이 노르망디 해안에 상륙하여 독일군을 결정적으로 꺾어 전쟁을 결판낸 것과 같은 것입니다. 그러나 그것으로 유럽에서의 제 2차 세계대전이 종식되고 평화가 온 것은 아니었습니다. 그 뒤에도 연합군은 계속 저항하는 나찌 잔당을 더욱 무찔러 베를린을 함락하고 독일의 항복을 받은 1945년 5월 8일에 가서야 1년 전에 얻은 결정적인 승리는 완성되고, 살상의 전쟁은 그치고 평화와 새 삶이 시작될 수 있었던 것입니다. 이것은 그리스도의 구원의 종말론적 구조에 대한 좋은 그림입니다. 그리스도의 죽음과 부활로 이루어진 구원은 제 2차 세계대전 때의 D(ecision)-Day의 승리와 같은 것입니다. 그의 재림 때 사단의 세력이 완전히 제거되어 비로소 V(ictory)-Day의 승리가 있을 것인데, 그때 온 우주는 사단의 죄와 죽음의 통치로부터 완전히 벗어나 창조주 하나님의 의와 생명의 통치 아래 들어가게 될 것입니다. 그때 온 우주에는 죄와 죽음의 요소가 완전히 제거된 가운데 하나님의 "샬롬"(온전함 또는 평화)과 생명으로 충만하게 될 것이고, 우리는 신적 생명(영생)을 온전히 누리게 될 것입니다(고전 15:20-28; 요한계시록).

우리는 지금 믿음으로 그리스도의 죽음과 부활을 통하여 결정적으로 이루어진 구원을 벌써 덕입게 되는데, 그것은 그리스도의 재림 때 얻게 될 그 완성된 구원의 "첫 열매"입니다. 그리스도의 구원의 이 "첫 열매"는 지금 하나님의 영(성령)의 힘으로 우리의 실존의 모든 면들에서 "치유"를 가져오며 그 힘을 발휘합니다. 그리스도를 믿음으로 말미암아 우리는 하나님으로부터 우리의 죄가 용서되고 의인으로 선언되었음을 확신하게 되고, 그리하여 죄책감으로부터 해방되어 자유와 평안을 누리게 됩니다. 이것은 또 이웃과 갈등의 해소로 작용하여 사회적 평화도 더 얻게 되고, 하나님의 사랑에 대한 확신과 종말론적인 소망을 얻게 되어 삶을 더 의미 있게 그리고 적극적으로 살게 합니다. 또한 죄악스러운 버릇으로부터 놓임을 받아 신체적으로도 건강해지고 심지어는 재정적으로도 더 풍요롭게 되기도 합니다. 그리스도인들의 믿음의 순종으로 말미암아 인권이 증진되고 사회 정의와 평화가 확대되기도 합니다. 이렇게 그리스도의 구원의 "첫 열매"를 얻고 체험하는 사람들은 그리스도가 재림하는 미래에 그 구원을 총체적으로 "수확"할 것을 바라 볼 수 있으며(그리스도인들의 소망), 지금의 "첫 열매"를 그 완성된 구원에 대한 "보증금"으로 여기고 확신 가운데서 소망할 수 있습니다(참조 롬 8:23; 고전 15:20, 23; 고후 1:22; 5:5; 엡 1:14; 롬 8:18-39). 그러므로 사도들은 그리스도의 죽음과 부활의 복음을 선포하여 사람들로 하여금 믿음으로 그 구원의 "첫 열매"를 벌써 받아 누리고 그리스도의 재림 때 그것의 완성을 받으라고 권고한 것입니다.

그리스도를 믿음으로 말미암아 그의 재림 때 완성될 구원의 "첫 열매", 곧 "보증금"을 받은 사람들도, 그리스도의 부활로 결정적으로 깨지기는 했으나 아직 완전히 제거되지 않은 죽음의 쓴 맛을 볼 수밖에 없습니다. 그러나 그들은 이미 믿음으로 그리스도와 연합하여 부활하신 그리스도 안으로 들어갔으므로 죽어도 계속 그리스도 안에, 그의 생명의 영역 안에 있게 됩니다. 그들은 죽음으로 말미암아 사단의 시험을 더 이상 받지 않게 됨으로, 어떤 의미에서는 살아 있을 때보다 그리스도 안에 있음의 농도를 더 진하게 체험한다고 볼 수도 있습니다. 사도 바울이 신자들의 죽음을 그리스도 안에서 "잠자는 것"으로 표현하기도 하고(고전 15:51; 살전 4:13-18), "떠나서 그리스도와 함께 함"으로 표현하기도 하면서 그것이 "훨씬 더 좋은 것이라"고 합니다(빌 1:23). 누가는 죽음이 그리스도인들에게는 끝도 아니고 절망적인 비극도 아니며 도리어 그리스도에게 더 가까이 가는 것이고 이 생에서 이미 "첫 열매"의 형태로 체험하기 시작한 그의 부활의 생명을 좀더 농도 진하게 체험하게 되는 것(고로 "훨씬 더 좋은 것임")을 말하기 위하여, 신자들은 죽음을 통하여 벌써 "낙원"에 가는 것으로 그린 것 같습니다(눅 23:43). 그러나 신약 성경의 일관된 가르침은 주 예수 그리스도의 재림 때 죽은 신자들이 부활하여 그의 구원의 완성에 참여하게 될 것이라는 것, 그러므로 그때까지의 죽음의 상태는 "잠들어" 대기하는 상태라는 것입니다(요 5:25-29; 고전 15:52-57; 고후 5:1-10; 살전 4:13-18; 히 9:27-28; 11:13-16; 계 6:9-11; 20:4-6, 11-15). 따라서 요한계시록은 성도들의 죽음이 하나님께 더 가까이 나아감이나, 그럼에도 불구하고 구원의 완성을 아직 기다리는 상태라는 것, 곧 양면을 가지고 있다는 것을 잘 나타내기 위해 죽은 성도들의 영혼들이 하늘의 제단 아래서 당분간 대기하며 쉬고 있는 것으로 그립니다(계 6:9-11). 그러므로 이 요한계시록의 그림대로 우리는 성도의 죽음을 그리스도 안에서 구원의 완성을 기다리며 쉬도록 하늘로 불림 받음(召天)이라고 생각하는 것이 합당한 것 같습니다.

그리스도를 믿음으로 말미암아 그 안에 잠든 사람들은 주 예수 그리스도의 재림 때 부활하여 죽음의 그림자가 전혀 없는 온전한 삶, 곧 신적 삶을 얻게 됩니다. 바울은 그러한 우리의 실존을 썩어짐(죽음의 힘)에 노출된 현재의 몸을 대치한, 썩지 않는 "영적 몸"을 입는 것으로 말하기도 하고(고전 15:42-57), 하늘로부터 재림하는 주 예수 그리스도의 "영광의 몸"과 같은 몸으로 탈바꿈하는 것으로 말하기도 합니다(빌 3:20-22). 그것은 주 예수 그리스도와 온전히 "항상 함께 함"이므로(살전 4:17) 시간적으로도 영원한 것입니다. 그것은 어떤 고난도 없고 눈물도 없는 상태입니다(계 21:4). 그것은 하나님의 신적 생명(영생)에 참여하는 것이므로 피조물적 결핍에서 오는 어떤 고난도 없는 생명, 신적 영원과 충만으로 이루어지는 생명입니다. 그리스도를 믿음으로 말미암아 구원의 "첫 열매"를 받은 사람들은 그의 재림 때 이 "영생"을 "수확"할 소망을 갖는 것이며, 그들이 지금 체험하는 구원의 "첫 열매"는 그 "영생"에 대한 "보증금"이기에 그 구원의 완성을 확신할 수 있습니다(롬 8:18-39을 읽어보라).

죽음은 미지의 세계에 대한 두려움과 사랑하는 사람들과 그리고 사랑하는 것들과의 이별의 아픔을 가져다주는 비극임에 틀림없습니다. 죽음이 모든 것의 끝이라면 인생은 얼마나 허무하겠습니까? 죽음 뒤에 우리가 또 고난의 삶으로 환생한다면(윤회사상) 그것은 또 얼마나 끔찍한 일입니까? 그러므로 죽는 당사자나 그와 이별하게 되는 사랑하는 사람들에게나 죽어도 계속 그리스도 안에 있게 됨에 대한 확신과 그리스도 재림 때 부활하여 하나님의 충만한 삶을 받으리라는 소망은 너무나 고귀한 것입니다.

2. 의인이라 선언함/되게 함(Justification)

사도 바울은 그리스도의 죽음과 부활의 복음을 믿음으로 얻는 실존적 구원을 여러 가지 그림 언어들(imageries/metaphors)로 표현합니다: 의인이 되게 함, 화해됨, 성화됨("성도들이 됨", 즉 하나님께 바쳐진 백성 됨), 하나님의 자녀들 됨, 새로 창조(새 피조물)됨, 하나님의 형상을 얻음, 하나님의 영광을 얻음 등. 이들 가운데 의인됨, 화해됨, 새로 창조(새 피조물)됨, 그리고 하나님의 형상을 얻음은 신약 성경에서 바울만 쓰는 구원론의 범주들입니다. 이것들은 바울 스스로가 다메섹 도상에서 겪었던 구원의 체험을 반영합니다.[7]

"의인이 되게 함"(또는 "의인으로 칭함")은 법정적 그림

---

7) 이 점에 대해서 자세한 설명을 위해서는 필자의 책들『바울 복음의 기원』(엠마오, 1994; 원본: *The Origin of Paul's Gospel*, Tübingen: Mohr Siebeck, 1981; 1984; Grand Rapids: Eerdmans, 1982)과『바울 신학과 새 관점』(두란노, 2002; 원본: *Paul and the New Perspective*, Grand Rapids: Eerdmans/Tuebingen: Mohr Siebeck, 2002)을 보라.

언어입니다. 그리스도가 우리를 대신하고 대표해서 우리의 죄에 대해 하나님의 벌을 받아버려서, 우리가 그 복음을 믿으면 그리스도의 우리 대신 벌 받음의 효력이 실제로 발생한다는 것입니다. 그래서 하나님께서 최후의 심판 때 우리에게 우리의 죄에 대해 추궁하시지 않고 우리를 의인으로 선언하신다는 것입니다. 믿는 자들은 그리스도의 재림 때 있을 최후의 심판(고후 5:10)에서 "의인"이라 내려질 이 판정을 지레(先取的으로) 받습니다(롬 5:1, 9; 고전 6:11). 그리하여 그들은 이 지레 받은 "의인"이라는 선언이 최후의 심판 때 확인될 것을 확신하는 가운데 그때 있을 구원의 완성을 소망할 수 있는 것입니다(롬 8:20-39).

마르틴 루터는 이 "의인으로 칭함"의 그림으로 표현된 바울의 복음을 새롭게 발견하여 종교 개혁을 이루었습니다. 구원의 "은혜성"을 드러내는 데는 그리스도의 복음을 이 의인으로 칭함의 그림으로 표현하는 것이 가장 효과적입니다. 그래서 중세 가톨릭교회의 공로 신학에 대항하여, "은혜로만"(sola gratia), 그러므로 "믿음으로만"(sola fide), 그러므로 인간의 공로 없이 우리가 "의인"으로 선언되어 구원을 얻는다는 바울의 복음을 뚜렷이 부각시켜 종교 개혁의 엄청난 에너지를 폭발시켰던 것입니다.

그러나 루터와 그에 동조한 다른 종교 개혁자들의 후예들은 이 "의인으로 칭함"의 그림을 단순히 법정적 개념으로만 이해하고, 특히 그중 일부는 그것을 그리스도의 죽음을 단순히 우리 대신 벌 받음(penal substitution)이라고 하는 좁은 이해에만 근거하여, 윤리를 구원론과 완전히 분리시키는 결과를 초래하는 약점을 보였습니다. 그리하여 진지하지 못한 개신교도들 간에 우리가 "은혜로만" 그리고 "믿음으로만" "의인으로 칭함" 받고 구원받으니, 믿음만 있으면 되는 것이지 윤리적 삶은 중요하지 않다는 인식이 널리 퍼지게 된 것입니다. 그런 오해의 극단으로 인해 많은 사람들을 어려움에 빠뜨리는 기독교 이단도 있습니다. 그런 극단적 사례는 차치하더라도 오늘 한국의 엄청난 개신교도들의 수와 그들의 "믿음"의 열렬한 시위에도 불구하고 기독교적 윤리가 개인 윤리 면에서나 사회 윤리 면에서 아주 미약하게 나타나는 통탄해 마지않을 상황은 근본적으로 복음에 대한 오해, 특히 "칭의론"으로 표현되는 복음에 대한 오해에 기인하는 것이라 할 수 있습니다.

그 오해의 근본은 성경에서 "의"는 법정적 개념일 뿐 아니라 보다 근원적으로 관계론적 개념이라는 사실을 깨닫지 못하고, 서양인들에게 익숙한 그리스-로마적 관점에서 단순히 전자로만 이해한 데 있다고 할 수 있습니다. 성경에서 "의"란 기본적으로 관계에서 나오는 의무를 다함을 의미합니다. 사람은 복잡한 관계의 망 속에서 사는데, 모든 관계는 그 관계의 참여자들에게 의무를 지웁니다. 하나의 관계의 참여자들이 그 관계가 지우는 의무를 다 하면 그들은 "의"로운 사람들입니다. 예컨대 아비와 자식의 관계는 아비에게는 자식을 잘 양육할 의무를 지우고, 자식에게는 아비를 공경하고 순종할 의무를 지웁니다. 이 관계 속에서 아비와 자식이 서로에 대해 자기 쪽의 의무를 다하면 그들은 "의"로운 것입니다. 그럴 때에 그 관계는 원만히 지탱됩니다. 그러므로 "의"를 관계에 신실함이라고 정의할 수도 있고, 관계를 원만히 지탱하는 힘이라고 정의할 수도 있습니다. 관계 속에 있는 참여자들이 서로에게 의무를 다하면 관계가 원만해지는데, 그 원만함을 "샬롬"(화평)이라 합니다. 그러므로 "의"는 "화평"을 낳습니다. 그러나 만약 관계의 참여자들이 서로에게 의무를 다하지 않으면, 그 참여자들은 "불의"하고, 그 관계는 갈등에 빠지고 맙니다.

구약에서 하나님과 그의 언약의 백성 이스라엘의 관계를 왕과 백성, 또는 아비와 자식의 관계로 그린다는 것을 앞에서 이미 살펴보았습니다. 언약의 관계란 하나님께는 그의 백성 또는 자녀들인 이스라엘에게 하나님 노릇해주실 의무, 즉 그들을 보호하시고 인도하시고 복주시고 구원하실 의무를 지우고, 이스라엘에게는 하나님을 예배하고 의지하고 순종할 의무를 지웠습니다. 이 관계는 사실 창조주와 그의 모든 피조물간의 관계의 특수 판입니다. 하나님의 창조 행위에는 그의 모든 피조물들에게 하나님 노릇해주시겠다는 약속이 내포되어 있었으니 말입니다. 그래서 창조주 하나님과 피조물 인간의 관계는 하나님께서는 인간에게 하나님 노릇을 하시도록 의무를 지우고, 인간에게는 하나님을 예배하고, 의지하고 순종할 의무를 지웠습니다. 그러나 인간(아담)은 하나님에 대한 의무를 다하지 않았습니다. 하나님을 예배하기를, 의지하기를 그리고 순종하기를 거부하고, 도리어 자신을 의지하고 자기를 주장하여 결과적으로 사단을 예배하고 순종하게 되었습니다. 그리하여 인간은 "불의"하였고, 이 "불의"로 말미암아 하나님과의 관계는 갈등의 관계로, 하나님의 심판을 받아야 하는 관계로 전락한 것입니다. 이스라엘도 하나님께 의지하지 않고 순종하지 않아 "불의"하게 되고, 그들 역시 갈등과 심판의 관계에 들어 간 것입니다.

이런 상황에서 하나님이 이스라엘과 인간을 심판하기만 하고 그들을 구원하시지 않으면 하나님도 그들에 대해 하나님 노릇해야 할 자기 쪽의 의무를 다하지 않는 셈이 될 것입니다. 그러면 하나님도 "불의"하게 됩니다. 이렇게 되면 인간에게는 소망이 없게 됩니다. 그런데 하나님은 자신의 아들 예수 그리스도에게 전권을 위임하여 보내시고 그로 하여금 십자가에서 우리 대신/대표로 우리의 "불의"(죄)에 대한 하나님의 심판을 받게 하고, 자신을 우리의 죄를 덮어버리는 제사로 바치게 했습니다. 이 사실이 앞에서 본대로 예수의 가르침과 죽음과 부활에서 환히 드러났습니다. 그러므로 사도들은 하나님께서 자신의 아들 예수 그리스도를 보내시어 우리의 죄 문제를 해결하고 우리의 구원을 이루셨다고 깨달은 것입니다. 이것을 사도 바울은 "의"의 범주로 해석하여, "하나님의 의"가 계시되었다고 말합니다(롬 3:21-26). 하나님께서 그리스도를 보내시고 그로 하여금 우리를 위하여 대속의 죽음을 죽게 하시고 그를 부활시킨 것은 하나님이 우리에게 하나님 노릇해주신 것입니다. 창조주 하나님이 이스라엘에게 그의 언약을 지킨 것이고 모든 인류에게 창조주로서의 의무를 다한 것입니다. 그러므로 "하나님의 의"란 하나님의 그의 피조물에 대한 신실하심 또는 사랑하심이란 뜻이고, 하나님의 "은혜"와 동의어입니다. 그리스도의 삶과 죽음과 부활을 통하여 "하나님의 의"가 나타났으니, 그리스도가 "하나님의 의"의 체현(體顯; embodiment)이고(고전 1:30), "그리스도 사건"(the Christ-event: 그리스도의 삶과 죽음과 부활)을 기술함으로써 선포되는 "복음"에는 "하나님의 의가 계시"됩니다(롬 1:17).

탕자의 비유에서 그 아비가 탕자를 심판하여 내쫓아버렸다면 그 탕자에게는 무슨 소망이 있겠습니까? 탕자는 "불의"했어도 그 아비는 끝까지 "의"롭게 아비 노릇해준 것입니다. 그 아비의 그 "의"가 탕자를 아들로 회복시키고 잔치에 들어가게 한 것입니다. 즉 구원을 가져온 것입니다. 마찬가지로 하나님께서 그에게 "불의"한 인류를 심판하여 내쫓아버린다면 인류는 멸망할 수밖에 없습니다. 하나님은 분명 우리를 심판하셨습니다. 그러나 우리의 대신/대표인 그리스도 안에서 우리의 죄를 심판하심으로써 우리에게 하나님 노릇해주신 것입니다. 곧 "의"를 행하신 것입니다. 이렇게 하나님은 자신의 "의"로 우리의 "불의"(죄)의 문제를 해결해 주신 것입니다. 이리하여 인류의 구원이 가능해진 것입니다. 이것이야말로 "기쁜/좋은 소식"("복음")이 아닐 수 없습니다.

앞서 본 바와 같이 이 복음을 믿음으로 받아들이면 그 복음이 선포하는 그리스도의 대속의 죽음과 부활의 덕을 입어 구원을 얻습니다. 즉 그리스도 안에 나타난 하나님의 "의"에 힘입어 "의인"으로 선언됩니다. 이와 같이 "의"가 근본적으로 관계론적 개념이기 때문에 "의인"으로 선언된다는 말은 죄를 용서받아 "무죄 선언됨"(acquittal)의 부정적인 또는 소극적인 뜻만 갖는 것이 아니라, 하나님과의 올바른(원만한) 관계에의 회복이라는 보다 적극적인 뜻을 갖는 것입니다. 창조주 하나님과의 올바른 관계란 두 말할 것 없이 피조물로서 우리가 하나님을 예배하고, 의지하고 순종하는 관계입니다. 이것을 거부하고 자기를 주장하려다가 도리어 사단의 통치 아래 떨어진 아담적 실존을 청산하고 (그것에 대해 용서받고) 하나님의 통치를 받는 것입니다. 탕자가 그 아비에게 아들로 회복되듯이, 우리가 하나님께 그의 백성으로, 그의 자녀들로 회복되는 것입니다. 이것이 "의인으로 선언됨"의 뜻입니다. 그러므로 하나님이 우리를 "의인으로 선언함"은 가톨릭교회가 전통적으로 가르쳐 온 대로 우리를 도덕적인 의미로 "의인이 되게 함"(즉 변화시킴)의 뜻이 아니라, 관계론적인 의미로 우리를 "의인이 되게 함"(하나님과 올바른 관계로 회복된 인간이 되게 함)입니다.

그리스도 안에 계시된 하나님의 "의"로 말미암아 우리는 "의인으로 선언되고" "의인이 되었습니다." 이 말은 사단의 죄와 죽음의 통치에서 벗어나 하나님의 생명의 통치 아래로 옮겨졌다는 말입니다. 그래서 독일의 신학자 Ernst Käsemann은 "의인으로 선언함"(Rechtfertigung/justification)은 사실 "주권의 전이"(Herrschaftswechsel/Lordship-transfer)를 의미한다고 강조했던 것입니다. 그러므로 "의인됨"은 언어는 달라도 그 본질적 의미에 있어 하나님의 백성됨

(성화됨, 성도됨) 또는 자녀됨과 다를 것이 없습니다. 사단의 죄와 죽음의 통치에서 벗어나 하나님의 생명의 통치 아래로 옮겨져 하나님의 하나님 노릇해주심에 의존하고 순종해서 사는 것이 구원입니다. 그리스도를 믿음으로 우리는 "의인"이 되어 이 구원을 받은 것입니다. 그러나 앞서 본 바와 같이 그리스도의 구원은 종말론적 유보의 구조를 띱니다. 그러므로 구원(의인됨)의 "첫 열매"를 받았다는 것은 하나님과의 올바른 관계에 이제 진입했다는 말입니다. 그 구원(의인됨)의 완성은 그리스도의 재림 때 있을 것입니다. 지금 우리에게 요구되는 것은 우리가 믿음으로 진입한 하나님과의 올바른 관계에 머무르는 것입니다. 곧 "의인"의 상태에 머무르는 것입니다. 그렇게 해야만 우리는 그리스도의 재림 때 우리의 구원(의인됨)의 완성을 얻을 수 있는 것입니다. 우리가 믿음으로 진입한 "의인"의 상태에 머무른다는 것은 우리의 실존의 순간마다 하나님께 의존하고 순종하는, 즉 하나님과의 관계에서 우리에게 부과된 의무를 다하는 것을 의미합니다. 구체적으로 말하자면, 모든 가치 판단과 윤리적 선택의 순간마다 사랑의 이중 계명으로 오는 하나님의 통치를 받는 것을 뜻합니다.

이렇게 하나님의 "의"(즉 "은혜")로, 그리고 그것을 "믿음"으로 "의인됨"은 윤리적 의무와 분리될 수가 없는 것입니다. 도리어 우리는 이렇게 말해야 합니다: 하나님의 "의" (즉 "은혜")로 우리가 "의인"이 되었으므로, 우리는 "의인"으로 살아야 한다. 그러기에 바울은 로마서와 갈라디아서에서 "은혜로만" 그리고 "믿음으로만" "의인됨"의 복음을 강해하고는(롬 1-11; 갈 1-4), 하나님의 "은혜로" 그리고 우리의 "믿음으로" "의인"된 우리가 어떻게 "의인"으로 살아야 하는가를 힘주어 가르친 것입니다(롬 12-15; 갈 5-6). 사단의 죄와 죽음의 통치에서 벗어나 하나님의 통치 아래로 옮겨졌으므로 우리는 마땅히 사단에게 순종해서 살지 말고, 하나님께 순종하고 살아야 합니다. 로마서에서 이 윤리적 권면의 부분을 여는 첫 마디(롬 12:1)의 "그러므로"에 유의해야 합니다. 우리가 하나님의 "은혜로" 그리고 우리의 "믿음으로" "의인"이 되었기 때문에, **그러므로** 우리는 사단이 통치하는 "이 세대"의 정신과 가치를 따르지 말고 하나님의 선하신 뜻을 분별하여 좇아야 하며, 우리의 삶 전체를 하나님이 기뻐하시는 거룩한 산제사로 드려야 합니다. 다른 모든 종교들은 "의를 행하라(명령형/imperative), 그러면 의인이 될 것이다(서술형/indicative)"라고 가르칩니다. 그러나 신약 성경은 반대로 "하나님의 은혜로 너는 의인이다(서술형/indicative), 그러므로 의를 행하라(명령형/imperative)"라고 가르칩니다. 개신교가 인간은 자신의 선행으로 하나님 앞에서 "의인"으로 인정될 수 없다는 것과 그러기에 오로지 하나님의 "은혜로만" "의인"이 된다는 것을 강조하는 것은 이에 대한 성경의 가르침 가운데 전반부를 잘 표명한 것입니다. 그러나 그들은 종종 전반부의 구원의 서술(indicative)은 후반부의 윤리적 명령(imperative)을 구조적으로 동반한다는 사실을 망각하여, 하나님의 "은혜"를 "싸구려 은혜"(billige Gnade/cheap grace ;D. Bonhoeffer)로 만들고 무효화해버리는 경향이 있습니다. 이것은 심각한 오류입니다.

우리가 하나님의 "은혜로" "의인"이 되었다는 것(indicative)은 "그러므로 의인으로 살아야 한다"는 요구(imperative)와 함께, "그러므로 이제 의인으로 살 수 있다"는 가능성도 포함합니다. 우리가 사단의 죄와 죽음의 통치에서 해방되어 하나님의 통치 아래로 옮겨졌기 때문에, 우리는 숙명의 힘으로 오는 사단의 죄의 통치를 거부할 수 있고, 우리의 믿음을 유발시키고 하나님의 뜻을 분변하게 하고 그 뜻에 순종케 하는 하나님의 영(성령)에 힘입어 하나님께 올바른 순종을 할 수 있게 된 것입니다. 이 성령의 인도하시고 힘 주심에 따라 하나님의 통치를 받으면 우리는 "육신의 열매들"(갈 5:19-21)이 아니라 "의의 열매들"(빌 1:11) 또는 "성령의 열매들"(갈 5:22-23)을 맺게 되는 것입니다. 성령이 하나님의 은혜를 우리에게 적용하여 우리를 "의인"되게 하는데, 이 "은혜"(charis)는 "은사"(charisma)로 구체화하고 개별화하여 우리로 하여금 하나님을 섬기고 이웃을 섬기게 하는 힘이 됩니다.

사도 바울은 우리 모두가 주 예수 그리스도의 재림 때 그의 재판석 앞에서 우리가 "첫 열매"로 받은 "의인됨"이 재확인되어야 할 것을 상기시키면서(고전 3: 13-15; 고후 5:10), 우리가 믿음으로 진입한 "의인"의 상태에 계속 머무르며 "의의 열매들"을 맺어감으로써 그 최후의 심판석에서 "흠이 없는" 자들로 드러나야 한다는 것을 강조합니다(고전 1:7-8; 빌 1:9-11). 이것은 최후의 심판석에서의 우리의 "의인됨"의 재확인에 대해 우리의 책임을 강력히 상기시키기 위한 것입니다. 바울은 고린도인들에게 "불의한 자가 하나님 나라를 유업으로 받지 못할 것을 너희가 알지 못하느냐"고 꾸짖으면서, 그들이 계속 죄악을 저지르면서 살면 "하나님 나라를 유업으로 받지 못하리라"고 위협도 합니다(고전 6:9-10). 하나님의 은혜로 "의인"이 된 그리스도인들이, 즉 사단의 통치 아래서 지은 죄에 대해 씻음을 받고 하나님의 통치 아래 옮겨져 "거룩한" 하나님의 백성이 된 자들이(고전 6:11), 계속 불의를 행하고 죄를 짓는다는 것은 무엇을 의미합니까? 그것은 그들이 하나님의 은혜로 진입한 하나님과의 올바른 관계 ("의") 속에 머무르지 않고 도리어 그곳에서 튀쳐 나온다는 뜻이 아니겠습니까? 즉 하나님과의 올바른 관계가 부과하는 의무 – 즉 하나님께 의존하고 순종하는 일을 하지 않고, 도리어 사단에게 돌아가 그의 뜻을 행한다는 뜻이 아닌가 말입니다. 이렇게 하나님과의 올바른 관계 속에 머무르지 않은 자들, 곧 하나님 나라 속에 머무르지 않은 자들, 그의 통치를 받지 않은 자들이 최후의 심판 때 어떻게 "하나님 나라를 유업으로 받을" 수 있겠습니까? 즉 어떻게 완성된 하나님 나라의 구원을 받을 수 있겠느냐 말입니다.

사도 바울은 고린도 그리스도인들과 같은 인간들을 바라보았을 때 이 점이 걱정되지 않을 수 없었습니다. 그러나 바울은 동시에 성령으로 계속 우리를 "의인"의 상태에 붙들고 계시는 하나님의 신실성(곧 하나님의 "의"로우심)을 상기시킴으로써 우리에게 우리의 구원의 완성에 대해 확신을 주고 자신도 위안을 받습니다(롬 8:1-39; 고전 1:9; 빌 1:6). 우리의 구원을 끝까지 지켜주시는 하나님의 신실성/"의"로우심/"은혜"(perseverance of saints)에 대한 신뢰에서 오는 "안도함"(Gelassenheit)과 주 예수 그리스도의 최후의 심판석에 서야 함을 늘 생각하면서 "두렵고 떨림"의 자세로 "의인"의 삶을 사는 것, 바로 이 두 측면들이 서로 논리적 긴장을 일으키면서 우리에게 함께 있을 때 우리는 건전한 신앙생활을 할 수 있는 것입니다. 이들 간의 논리적 긴장은 풀 수 있는 것이 아닙니다. 그런데도 그 긴장의 요소를 풀어버리려고 하다보면 결국 한쪽을 경시하게 됩니다. 이것은 옳지 않습니다. 전자가 없어서 구원의 확신을 갖지 못하고 불안해하는 것은 올바른 신앙이 아닙니다. 그러나 후자가 없어서 방종하며 "의의 열매"를 맺지 않는 것도 올바른 신앙이 아닙니다.

마가복음도 바울과 같이 예수 그리스도의 대속의 죽음을 구원의 사건으로 강조하고 믿음으로 그 구원을 덕입음을 분명히 합니다. 마태복음도 그리스도의 대속의 죽음을 강조하고, 바울과 같이 우리의 의인됨을 중요한 구원론적 범주로 삼습니다. 갈라디아서와 로마서에서 바울은 당시의 유대주의자들과의 논쟁의 상황 때문에 우리가 우리의 선행(율법의 행위)을 쌓아서가 아니라 오직 하나님의 은혜로만 그리고 우리의 믿음으로만 하나님과의 올바른 관계에 진입한다는 사실에 초점을 맞추어 의인됨의 구원론을 펼칩니다. 그러나 의인됨은 그 구조상 하나님에 대한 의존과 순종의 삶을 함축하는 것이며, 바울도 이점을 강조하는 데 게을리 하지 않는다는 것을 우리는 위에서 살펴보았습니다. 마태는 하나님의 은혜로만 의인됨에 대해 강조하는 것도 잊지 않지만(마 5:3-12; 9:12-13; 10:7-8; 11:28-30; 18:23-35; 20:1-16), 의인으로서의 삶을 두드러지게 강조하여, 하나님의 종말의 백성된 우리는 모세의 법을 완성하여 능가한 예수 그리스도의 법을 적극적으로 순종하는 제자도를 실천하기를(마 5:17-42; 7:15-23; 12:50; 19:3-9; 21:31; 28:18-20), 그리하여 "서기관들과 바리새인들보다 더 나은 의"를 이루기를 요구합니다(마 5:20).

3. 화해시킴(Reconciliation)

바울은 그리스도의 속죄의 죽음을 통해 일어난 구원을 하나님께서 죄인들을 자신에게 "화해시킴"이라는 그림 언어로도 설명합니다(롬 5:1-11; 고후 5:18-21; 엡 2:11-19; 골 1:20-22). 이것은 죄인들로서의 인간들을 창조주 하나님께 반란을 일으켜 갈등 관계에 있는 것으로 보고, 그리스도의 속죄의 죽음을 화목 제사로서 하나님과 인간들 사이에 갈등을 제거하고 화평을 이룬 것으로 보는 것입니다. 우리를 "의인 만듦"과 마찬가지로, 우리를 하나님께 "화해시킴"도 철저히 하나님의 은혜의 행위입니다. 다른 종교들은 인간들이 신을 기쁘게 하여 자신들의 죄에 대한 신의 진노를 풀어버리고

신을 자신들에게 화해시켜야 하는 것으로 가르칩니다. 그러나 바울의 일관된 언어 사용은 하나님께서 그리스도를 화목 제사로 바쳐 그의 "원수들"인 죄인들을 자신에게 화해시켰다는 것을 강조합니다. "의인됨"의 그림 언어로 설명하고자 하는 구원의 실재가 죄인들이 하나님과의 올바른 관계에 회복되어 이제 하나님의 하나님 노릇해주심에 덕입어 살 수 있게 됨, 즉 창조주의 무한한 부요함에 참여하여 신적 생명을 얻게 됨이듯이, 하나님께 "화해됨"이라는 그림 언어로 설명하고자 하는 구원의 실재도 결국 마찬가지입니다. 하나님과의 올바른 관계에 회복됨이 다른 말로 하면 "화해됨"입니다.

사도 바울은 이 그림 언어를 에베소서 2:11-19에서는 죄인들이 하나님께 화해됨에만 적용하는 것이 아니라 그리스도 안에서 유대인들과 이방인들이 화해됨에도 적용합니다. 그리스도의 화목 제사는 유대인들이냐 이방인들이냐를 막론하고 죄인들을 하나님께 화해시키고, 또 유대인들과 이방인들을 서로에게 화해시켰다는 것입니다. 그 결과로 태어난 교회는 하나님께 화해되고 서로에게 화해된 유대인 신자들과 이방인 신자들의 공동체로서 하나님의 한 백성입니다. 골로새서 1:20-22에서는 그리스도가 십자가에서 드린 화목제사로 말미암아 하나님께서 죄인들인 인간들뿐 아니라 심지어 온 우주 만물들까지도 창조주 자신에게 화해시켰다는 것입니다. 그래서 피조세계 전체가 사단의 유혹에 빠져 창조주 하나님께 반란하는 상태가 종식되고, 그들이 다시 창조주에게 환원되게 되었으며, 그 결과로 온 우주에 걸쳐 화평(샬롬)이 이루어지게 되었다는 것입니다.

하나님에 대한 사랑은 이웃에 대한 사랑으로 표현되듯이, 하나님께 화해됨은 당연히 이웃에게 화해됨을 동반하게 되어 있습니다. 그러기에 바울은 에베소서와 골로새서에서 죄인들의 하나님께로의 화해와 함께 "이웃"(다른 인간들)과의 화해와 인간의 주도 아래 놓인 피조세계 전체(창 1:28; 롬 8:19-22)의 화해도 말하고 있는 것입니다.

20세기는 엄청난 갈등의 세기였습니다. 두 번의 세계대전을 위시해서 크고 작은 수많은 전쟁들, 공산주의 진영과 자본주의 진영의 이념적 대립과 냉전, 제국주의 세력과 식민지 민족들의 갈등, 온갖 부족들 간의 갈등, 종교들 간의 갈등, 환경 파괴 등 이런 엄청난 갈등의 와중에 있었습니다. 그 가운데서 인간들은 인류 전체를 없애버릴 수 있는 핵무기 등 대량 살상 무기를 가지고 서로에게 으르렁대는 무시무시한 상황이 지속되는 세기였습니다. 그래서 도대체 인류와 지구가 살아남을 수 있을까라는 근본 문제까지 제기되었습니다. 이제 시작된 21세기에도 이 문제들은 더욱 악화되어 가고 있습니다. 이런 상황에서 세계 교회는 그리스도 안에 있는 하나님의 구원을 "화해"의 범주로도 선포해야 할 필요성을 절실히 깨닫게 된 것입니다. 사도 바울의 모범을 따라 우리는 그리스도의 구원의 복음을 꼭 "의인됨"의 범주로만 선포할 것이 아니라, "화해"의 범주로도 선포해야 합니다. 그래서 인간들을 하나님께 화해시키고 서로에게 화해시켜야 하며, 심지어 인간들로 말미암아 파괴되어 가면서 인간들에게 복수하는 자연 환경과도 화해를 도모해야 합니다. 그리스도 안에서 이루어진 하나님의 "화해"의 구원이 개인들 간에, 사회 공동체 내에서, 민족들 간에, 그리고 온 우주적으로 실재화하게 해야 합니다.

한국은 갈등의 나라입니다. 민족의 생존 자체를 위협하는 남북의 갈등, 남한의 정치, 사회, 경제, 문화 등 삶의 모든 면들에서 발전을 저해하고 고통을 양산하는 동서 지역감정의 대립, 혈연, 지연, 학연 등에 따른 패거리 짓기와 패거리들끼리의 갈등, 수구와 진보의 대립, 사회 계층들 간의 갈등 등이 민족의 삶을 엄청나게 위협하고 있습니다. 필자의 경험이 좁은 탓인지는 몰라도, 필자는 우리 한민족만큼 갈등을 많이 가지고 있는 민족도 드물고, 또 우리 한민족만큼 하나의 민족으로서 그 갈등을 극단화하는 데는 큰 능력을, 그러나 해소하는 데는 부족한 능력을 가진 민족도 드문 것 같다는 생각을 물리치기가 어렵습니다. 필자는 이것은 우리의 문화에 중대한 결함이 있음을 말해준다고 생각합니다. 한국 교회는 동서 화해와 남북 화해를 도모해야 할 역사적 과제와 사회 계층들 간의 화해를 실현해야 할 목회적 과제를 안고 있습니다. 그런 근본적인 화해가 어찌 정치가들의 협상과 조정으로만 이루어질 수 있겠습니까? 그것은 그리스도의 교회가 그리스도 안에서 이루어진 하나님의 구원을 "화해"의 범주로 해석하여 선포하고 우리 민족이 그에 따라 "화해"의 삶을 살도록 가르칠 때만 이루어질 것입니다.

4. 하나님의 아들의 사역

신약 성경의 여러 저자들이 공통적으로 선포하는 복음의 형태들 중 하나가 "예수가 하나님의 아들이다"라는 것입니다. 예수는 하나님을 독특하게 "아빠"라고 부르며, 하나님의 대권을 위임받은 "그 '사람의 아들'"(곧 하나님의 아들)이라 주장하며, 하나님의 뜻을 계시하고 하나님의 구원 통치를 대행하여 하나님의 종말의 백성(자녀들)을 창조한다고 주장했습니다. 그리고 하나님께서 이 예수를 부활시켜 옳다고 인정하였으므로, 예수의 추종자들은 과연 "예수가 하나님의 아들이다"라고 선포하게 된 것입니다.

성경에서 "아들"이란 근본적으로 "상속자"를 나타내는 그림언어입니다. 그러므로 "예수가 하나님의 아들이다"라는 선포는 가장 기본적으로 예수가 하나님의 전권을 "상속"(위임) 받아 행사하는 분이라는 것을 뜻합니다. 나단의 신탁(삼하 7:12-14)에서 하나님은 다윗의 "씨"를 일으켜서 다윗의 왕위에 앉히고 그에게 자신의 백성 이스라엘을 다스릴 자신의 권세를 위임하여 자기 대신 그들을 다스리는 자신의 "아들"이 되게 하겠다고 약속하셨습니다. 그런데 예수가 하나님의 아들로서 하나님으로부터 위임("상속")받은 권세로 하나님의 통치를 대행한다고 주장한 것을 들었고, 또 하나님께서 그를 부활시킨 것을 체험한 초대 그리스도인들은 하나님께서 바로 이 나단의 신탁을 성취하여 예수를 "권능을 행사하는 하나님의 아들로 등극시켰다"는 것을 깨달았던 것입니다(롬 1:3-4). 다시 말하면, 예수가 나단의 신탁에서 유래한 메시아적 대망을 성취한 바로 그 "다윗의 씨-하나님의 아들"이요, 그러므로 예수가 하나님 나라를 선포하고 대속과 새 언약의 제사로 자신의 목숨을 내어주어 이루신 하나님의 나라(백성)야말로 다윗 왕조가 땅 위에서 반영해야 했던 그러나 제대로 하지 못했던 하나님 나라의 종말론적 실현이라는 것을 깨달은 것입니다.

예수가 하나님의 전권을 위임받아 하나님의 통치를 대행

하는 하나님의 아들이라는 사실을 신약 성경은 이른바 "보냄의 형식"(the sending formula)으로 표현합니다: 하나님께서 그의 아들을 우리를 구원하도록 보내셨습니다(예: 롬 8:3-4; 갈 4:4-6; 요 3:17; 요일 4:9-10). 예수가 하나님의 전권대사(全權大使; plenipotentiary; fully-empowered agent)로서 우리를 위한 하나님의 구원 사역을 실행하였다는 것입니다. 예수가 그렇게 할 수 있었던 것은 그가 창조 전부터 존재하며(先在) 하나님의 초월에 참여하던 하나님의 아들로서 그 하나님의 초월에서 이 내재(세상) 속으로 보내어졌기 때문이었습니다(특히 갈 4:4-6). 그러기에 예수는 하나님의 초월의 힘을 가지고 이 내재 속에 계셨고, 그리하여 하나님의 신성을 보여줄(계시할) 수 있었으며 하나님의 구원 사역을 실행할 수가 있었습니다.

그러므로 "보냄의 형식"으로 복음을 선포할 때, 예수가 "하나님의 아들"로서 하나님을 계시하고 하나님의 신적 구원을 이루었다는 뜻이 잘 드러나는 것입니다. 앞에서 우리는 신의 초월성과 내재성이 우리의 구원의 두 조건들이라는 것을 살펴보았습니다. "보냄의 형식"은 예수가 바로 이 두 조건들을 충족시켜 우리에게 신적 구원을 가져왔다는 "복음"(좋은/기쁜 소식)인 것입니다.

요한복음은 복음을 주로 이 범주로 선포하여, 예수가 하나님으로부터 "위"에서, 즉 하나님의 초월과 영원에서 "아래"로, 즉 이 내재의 세계에로 보냄을 받아서 우리에게 하나님을 계시하고 하나님의 구원(신적 생명, 곧 "영생")을 가져다주었다는 것을 강조합니다. 그리하여 요한복음은 예수가 하나님을 자주 "나를 보내신 이/아버지"라고 지칭하고 있음을 기록합니다. 하나님의 초월에서 하나님의 전권을 위임받아 내재의 세계에 오신 하나님의 아들이 하나님을 계시하였기에, 우리가 이 "아래" 암흑(무지)의 세계에서 하나님을 비로소 알 수 있게 되었고, 그리고 그가 하나님의 구원을 이루었기에 우리가 이 "아래" 죽음의 세계에서 하나님의 신적 생명(영생)을 얻게 된 것입니다. 이것이 "복음"입니다.[8]

예수의 하나님의 아들로서의 하나님에 대한 계시와 하나님의 구원 사역의 실행은 그의 죽음에서 절정을 이루었습니다. 이것을 신약 성경은 이른바 "내어줌의 형식"(the giving-up formula)으로 표현합니다: 하나님께서 우리를 구원하시기 위해 그의 아들을 내어주셨다(요 3:16; 롬 8:32; 갈

---

[8] 더 자세한 설명을 위해서 필자의 『요한복음 강해』(서울: 두란노, 2001)을 보라. 그곳에 예수가 하나님을 계시하고 하나님의 구원을 실행한 하나님의 아들이라는 선포가 내포하고 있는 그의 신성에 대한 인식과, 그 기독론적 인식이 드러내주는 삼위일체적 신 인식에 대해서도 설명해놓았다.

2:20; 요일 4:10). "복음"의 가장 좋은 요약이라고 볼 수 있는 요한복음 3:16이 잘 보여주듯이, 이 형식은 하나님의 사랑을 강조합니다. 십자가에 달려 우리를 위해 죽으심으로 예수는 하나님의 사랑을 계시하신 것입니다. 사랑만이 문제를 해결합니다. 초월자의 사랑만이 피조물들의 모든 문제들을 해결할 수 있습니다. 그리스도의 십자가의 죽음이 궁극적으로 우리를 위한 구원을 이룰 수 있었던 것은 그것이 초월자 창조주 하나님의 사랑의 시위였기 때문입니다. 요한복음은 특히 예수가 십자가에 매달려 하나님의 사랑을 계시함으로써 하나님의 본질이 사랑임("하나님은 사랑이라"- 요일 4:8)을 계시하였다는 것을 강조하고, 이 하나님의 아들 예수가 계시한 하나님을 아는 것이 구원임을 강조합니다.

그러면 하나님의 아들 예수가 가져온 구원을 우리는 어떻게 덕입을 수 있습니까? 그것은 그를 믿음으로 가능합니다. 앞서 말했듯이, 예수 그리스도를 믿음은 우리를 그와 연합시키고 그 안에 내포시킵니다. 믿음은 그리하여 그의 됨됨(what he is)이 우리의 됨됨이 되게 하고, 그가 하신 일(what he has done)이 우리가 한 일이 되게 합니다. 그러므로 하나님의 아들 예수 그리스도에 대한 믿음은 우리로 하여금 그의 하나님 아들 됨에 참여시키며, 그의 하나님의 "상속자" 되심에 참여시킵니다. 다시 말하면 우리를 하나님의 자녀들로 만듭니다(갈 3:25-29). 그러므로 바울은 하나님께서 그의 아들을 보내심은 우리로 하여금 하나님의 자녀들로 "입양"되게 하기 위한 것이며, 하나님의 자녀들이 되어 하나님의 "상속자들"이 되도록 하기 위한 것이라고 설명합니다(갈 4:4-6). "그리스도 사건"(the Christ-event)을 한마디로 이렇게 설명하는 것은 요한복음도 마찬가지입니다(요 1:11-12). 우리는 믿음으로 하나님의 아들 예수 그리스도와 연합하고 그의 영(성령)을 받아, 그가 하나님을 부른 대로 우리도 하나님을 "아빠!"라고 부르게 되며, 그와 함께 하나님의 "상속자들"이 되어 궁극적으로 하나님의 형상과 영광(하나님의 신성)을 얻게 됩니다(롬 8:14-17, 29-30). 하나님의 자녀들이 되어 하나님의 무한한 부요함을 "상속"받게 됩니다. 즉 하나님의 신성에 참여하게 되고 그의 신적 삶(영생)을 얻게 됩니다. 이리하여 우리 인간들이 "하나님 같이" 됩니다. 이것이 하나님의 형상과 영광을 얻음의 의미입니다.

인간이 하나님의 무한에, 곧 신성에 참여하여 하나님의 "형상"을 입음으로써 "하나님 같이 되는 것"(apotheosis)이 인간으로 하여금 죽음을 가져오는 그의 피조물적 제한성을 극복하고 신적 생명(영생)을 얻는 구원의 본질입니다. 그것은 아담과 같이 스스로 "하나님 같이 되고자" 하나님에 대항해 자기를 주장함으로써 이루어지는 것이 아니라, 우리를 위해 그의 아들을 이 세상에 보내시고 십자가의 죽음에 내어주신 하나님의 사랑에 전적으로 의존하고 순종할 때 이루어지는 것입니다. 이것은 패러독스(paradox)이고 역설(irony)입니다. 인간이 아담같이 스스로 하나님 같이 되려 할 때(인본주의/humanism) 인간은 비인간화합니다. 반면 인간이 스스로의 피조물성을 인정하고 창조주 하나님의 하나님 노릇해주심에 의존할 때 인간은 하나님같이 되는 것입니다. 다시 탕자의 비유를 생각해보십시오. 창세기 1-3장의 아담을 염두에 두고 빌립보서 2:6-11도 읽어 보십시오.

하나님이 세상을 이처럼 사랑하셔서 그의 아들을 내어주심으로 우리가 하나님의 자녀들이 되어 하나님의 생명(영생)을 "상속"받게 되었습니다. 이것은 자신의 피조물적 한계성 속에서 자신의 생명을 확보하려다 죽음에 빠진 인간들에게 "좋은 (기쁜) 소식"("복음")이 아닐 수 없습니다.

5. 하나님의 통치를 계속 대행하는 "주" 예수 그리스도

"예수가 그리스도이다"나 "예수가 하나님의 아들이다"와 마찬가지로 신약 성경의 여러 저자들이 공통적으로 선포하는 복음의 형태들 중 하나가 "예수가 주(主/kyrios/lord)이다"라는 메시지입니다. 하나님의 "권세와 영광과 나라"를 위임받은 "그 '사람의 아들'"(곧 하나님의 아들)이라 주장한 예수, "하나님의 나라"를 선포하며 하나님의 구원의 통치를 대행하여 사람들을 사단의 나라에서 해방하고 하나님의 나라로 불러 모은 예수, 자신의 목숨을 대속과 새 언약의 제사로 십자가에 바쳐 하나님의 통치를 받는 종말의 백성을 창조한다고 주장한 예수, 이 예수를 하나님께서 부활시켜 옳다고 인정하셨습니다. 그래서 이것을 본 예수의 추종자들은 과연 예수가 하나님의 주권을 "상속" 받아 대행하는 "하나님의 아들이다"라는 인식을 갖게 되었음을 우리는 이미 살펴보았습니다. 그러므로 예수의 추종자들은 "하나님의 아들이다"는 선포를 예수가 실제로 하나님의 주권을 행사하는 분이라는 데 초점을 맞추어 "예수가 주이다"라는 언어로도 선포하게 된 것입니다(롬 1:4).

초대 그리스도인들이 "예수가 주이다"라고 선포할 때, 그들은 예수가 그의 생전에 하나님 나라를 선포할 때만 하나님의 주권을 대행한 것이 아니라 그의 부활 이후 현재도 그 주권을 계속 대행하고 있다는 것을 뜻한 것입니다. 아니, 그의 부활로 말미암아 사단을 전보다 더 확실히 압도하는 힘으로 그의 주권을 행사하고 있음을 뜻한 것입니다. 그것은 그들이 하나님께서 예수를 죽음에서 부활시킴을 예수를 옳다고 인정한 것으로만이 아니라, 이 세상을 다스리는 사단 위에 승리케 한 것으로, 그리고 하나님 자신의 "우편에" 높이신 것으로 인식한 데서 나왔습니다. 예수의 추종자들은 예수의 부활을 시 110:1의 성취로 보았습니다: "여호와께서 나의 주께 이르시되, 내가 너의 원수들을 네 발등상이 되게 할 때까지 내 우편에 앉으라." 하나님께서 예수를 죽은 자들 가운데서 일으키신 것을 그들은 시편 110:1의 말씀대로 하나님(여호와)께서 그들의 "주"를 하나님의 "우편에" 앉히신 것으로 해석했습니다. 왕의 "우편에 앉음"은 옛 근동의 궁중의식에서 왕의 권세를 대행하는 총리의 몫입니다. 가령, 애굽의 총리로서 바로 왕의 주권을 대행했던 요셉이 바로의 우편에 앉았을 것입니다. 초대 그리스도인들은 하나님께서 예수를 부활시켜 그가 자신의 주권의 대행자임을 확인하고 계속 자신의 주권을 행사하게 했다고 믿고, 이런 예수는 시편 110:1에 따라 마땅히 "주"(Kyrios)라고 불리어져야 한다고 생각한 것입니다(행 2:32-35). 그래서 가령, 빌립보서 2:6-11의 유명한 "그리스도에 대한 찬송가"는 하나님께서 그리스도를 높이심을 그에게 하나님 자신의 "이름" 큐리오스(Kyrios, 야웨)/주"를 주어, 온 우주의 만물들로 하여금 그를 예배하고 "예수 그리스도가 주이시다"라고 부르짖게 한 것으로 해석합니다.

이렇게 하나님께서 예수 그리스도를 부활시키고 자신의 우편에 높여 그로 하여금 온 우주 위에 자신의 통치를 대행하게 했습니다(마 28:18). 그리하여 생전에 땅 위에서 하나님의 나라를 선포하며 사단의 죄와 죽음의 통치를 꺾고 하나님의 구원의 통치를 시위하였던 예수 그리스도가 이제 사단을 결정적으로 무찌른 부활의 능력으로 사단의 잔여 세력을 진압하고 하나님의 생명의 통치를 온전히 실현해가게 된 것입니다(고전 15:20-26). "주" 예수 그리스도는 대권의 위임과 함께 하나님으로부터 받은 하나님의 영(성령)의 힘으로 이 일을 행합니다(행 2:33; 롬 1:4; 계 5:6).

이것은 "복음"입니다. 왜냐하면 이제 사람들은 사단의 죄와 죽음의 통치에서 벗어나 하나님의 아들 "주" 예수 그리스도가 실현한 하나님의 나라로 들어가 생명을 얻을 수 있기 때문입니다. 이 구속(救贖)은 하나님께서 예수 그리스도를 죽은 자들 가운데서 일으켜 만유의 주가 되게 하셨다는 것을 "심장에서"(즉, 우리의 존재의 가장 깊은 중심에서부터) 믿고, "입으로"(즉, 명백히) "예수가 주이시다"고 고백함으로써 이루어집니다(롬 10:9-10). 예수 그리스도의 죽음과 부활을 믿음으로 말미암아 사단의 통치를 받던 죄인으로서의 우리가 우리의 대신이요 대표로 십자가에 죽은 그리스도와 함께 죽고 그와 함께 그가 대행하는 하나님의 나라의 새로운 삶에로 부활하게 됩니다(롬 6:3-14). 이리하여 우리는 사단의 나라에서 하나님의 나라 또는 (그리스도가 하나님의 아들로서 하나님의 통치를 대행하는) 하나님의 아들의 나라에로 이전되는 것입니다(골 1:13-14). 세례(초대교회의 세례 형식인 침례, 즉, 물 속에 잠겼다가 씻긴 몸으로 물 위로 떠오르는 의식)는 믿음이 가져오는 구원의 실제화(actualization - 사단의 통치를 받던 죄인으로서의 우리가 그리스도와 함께 죽고 그와 함께 하나님의 나라의 새로운 삶에로 부활함)를 극화(劇化)하여 공식화한 것입니다. 그리하여 세례는 사단의 통치 아래서 하나님의 아들 예수 그리스도의 통치 아래로의 전이를 공식화합니다. 이때 명백히 해야 할 고백이 "예수가 주이시다"라는 것입니다. 우리는 세례 때 이 고백으로 "주권의 전이"(Herrschaftswechsel; lordship-transfer)를 체험하는 것입니다.

"예수가 주이시다"라는 고백은 예수의 주권에 우리를 투신(commitment)하는 행위로서, 한편 그의 의와 생명의 통치에 의존함을 내포하며, 다른 한편 그의 주권자적 통치에 순종을 서약하는 것을 내포합니다. 사단을 이기고 죽음을 극복하신 분이 우리의 주이므로 우리는 그 주의 보호를 받아 평강을 누리게 되었습니다. 우리는 기도 가운데 주 예수의 이름을 부르며("주여!") 그의 도움을 청하고, 그 주가 성령으로 와서 도와주심에 힘입어 죄악과 죽음의 힘에 대항해 싸우며 살아 갈 수 있습니다. 그러기에 핍박 가운데 있었던 빌립보인들에게 바울은 "주 안에서 항상 기뻐하라"고 권면합니다(빌 4:4). 신자들은 이 세상 속에서 온갖 시련에 처할지라도, 그리스도의 주권의 영역 안에 있는 사람들로서 그의 보호와 도움을 받아 기쁨을 누릴 수 있다는 것입니다.

반면에, 우리가 "예수가 주이시다"라고 고백하는 것은 그의 주권에 순종할 것을 서약하는 것도 내포합니다. 이제 사단을 주로 섬겨서는 안 됩니다. 그의 속임수에 빠져 나를 주로 삼고 살아서는 안 됩니다. 다시 말하면, 자기 뜻대로, 자기의 이익을 위해 살아서는 안 됩니다. 곧 자기를 주장해서는 안 됩니다. 주 예수 그리스도는 우리에게 사랑의 이중계명의 요구로 그의 주권을 행사하십니다. 그는 우리의 실존의 순간마다 하나님을 사랑하고 이웃을 사랑하라고 요구합니다. 앞에서 예수의 하나님 나라 선포를 논할 때 우리는 이 두 계명들이 어떻게 서로 연결되었으며, 전자는 어떻게 후자로 표현되는가를 살펴보았습니다. 하나님에 대한 사랑의 반대는 우상 숭배인데 예수께서 가장 심각히 경고한 우상 숭배의 형태는 맘몬 숭배라는 것, 그리고 그 우상 숭배는 이웃을 착취함으로 나타난다는 것도 살펴보았습니다. 우리는 윤리적 선택의 순간마다 사단의 주권의 요구, 즉 맘몬(재물)을 많이 쌓아 우리의 안녕과 행복을 확보하라, 그러기 위하여 이웃을 착취하라는 요구와, 예수 그리스도의 주권의 요구, 즉 하나님께 의존하고 그래서 이웃을 섬기라는 요구의 갈림길에 놓입니다. 이때마다 우리는 사단의 주권을 부인하고 "예수가 주이시다!"라고 부르짖으며 그의 주권의 요구를 따라야 합니다. 여기서 보는 바와 같이 하나님에 대한 의존은 사실상 그에 대한 순종으로 표현됩니다. 하나님의 지혜와 능력과 사랑을 신뢰하지 않기에 우리는 하나님이 그의 지혜와 사랑 가운데 우리에게 가장 좋은 길이라고 제시해주시는 길을 택하지 않고, 도리어 우리의 꾀(사실 극히 부족한 지혜)가 제시하는 길을 택하곤 합니다. 곧 불순종입니다.

우리가 우리의 지혜와 능력을 의지하라(곧 우리에게 스스로 하나님 노릇하라)는 사단의 요구를 뿌리치고, 하나님께 의지하고 이웃을 사랑하라는 주 예수 그리스도의 요구에 순종하면 할수록 그만큼 우리의 사회는 "만인이 만인에게 늑대 노릇하는" 사단의 나라가 아니라, 만인이 만인을 섬기는 정의와 평강의 하나님 나라가 더욱 실현되는 사회가 될 것입니다. 하나님께 의지함과 그에 대한 순종, 이 둘은 서로 분리할 수 없는 동전의 양면들입니다. 이 둘을 분리하는 신앙, 즉 하나님께 복을 빌면서 그에게 순종은 하지 않는 신앙은 미신입니다. 하나님 사랑과 이웃 사랑도 불가분의 관계에 있습니다. 그것을 갈라, 하나님을 사랑한다면서 이웃을 돌보지 않는 신앙도 미신입니다. 그런 미신들은 하나님의 통치 또는 예수의 주권에 순종하지 않는 것이므로 하나님 나라의 "샬롬"을 가져오지 못함은 물론입니다.

"예수가 주이시다"라고 고백함으로써 사단의 나라에서 하나님의 아들 예수 그리스도가 대행하는 하나님의 나라로 주권의 전이를 한 사람들의 공동체가 교회입니다. 예수 그리스도는 온 우주의 "주"로 높임 받아 만유를 다스리십니다(빌 2:9-11). 그러므로 자연과 인간의 역사의 과정 속에서도 주 예수 그리스도의 통치가 행해진다고 보아야 합니다. 그래서 이 세상의 모든 참됨과 선함과 아름다움은 궁극적으로 예수의 주권 행사의 열매로 보아야 합니다(이것은 전통 조직신학에서 일반 계시/은총론으로 말하고자 하는 바를 기독론적으로 말한 것이다). 그러나 이 세상에는 예수 그리스도의 주권만 행사되는 것이 아닙니다. 그의 죽음과 부활로 말미암아 결정적으로 패퇴한 사단이 아직도 막강한 영향력을 행사하고 있습니다. 그러기에 신약 성경은 사람들이 주 예수 그리스도의 구원을 받기 위해서는 "예수가 주이시다"라고 명백히 고백함으로 의식적인 주권의 전이를 해야 한다고 요구하는 것입니다.

그러한 주권의 전이를 한 신자들도 하나님 나라가 완성되는 종말까지는 계속 사단의 죄와 죽음의 주권에 노출되어 있습니다. "벌써 시작된"(already inaugurated) 하나님의 아들의 나라로 옮겨져 그의 생명의 통치를 받기 시작한 신자들도, 그 생명의 통치가 "아직 완성되지 않은"(not yet consummated) 관계로, 여전히 최후의 발악을 하는 사단의 주권의 요구에 직면하는 것입니다. 이런 상황 속에서 신자들도 예수의 주권과 사단의 주권의 상충된 요구에 직면하여, 주 예수를 순종하지 않고 사단을 순종하는 일이 비일비재합니다. 그런 만큼 신자들도 죄를 짓고 그 열매로 고난을 서로 주고받으며, 심지어 교회 내에도 죄가 있고 죽음의 증상들이 있는 것입니다. 그러기에 바울은 그리스도인들이 "육신," 곧 사단의 사주 아래 자기를 주장하려는 우리의 자아를 따라 살아서는 안 되고 주 예수 그리스도의 영, 성령을 따라 살아야 한다고 강조하는 것입니다(롬 8:1-17; 갈 5:16-25). 그리스도인들이 성령의 인도함과 힘주심에 따라 윤리적 선택의 순간마다 예수의 주권에 순종하면, 앞서 본 대로, 그들을 통해 하나님 나라의 샬롬, 곧 정의와 평화가 벌써 이 세상에서 그만큼 실현되는 것입니다.

그러므로 예수의 주되심을 고백하고 그 주권에 순종하기

를 서약한 사람들의 공동체인 교회는 이 세상에서 주 예수 그리스도의 구원의 주권을 실현해가는 "일꾼"(agent)입니다. 예수는 그의 죽음과 부활로 하나님 "우편에" 높임 받아 만유의 "주"로 등극한 이래로 그가 결정적으로 꺾은 사단의 잔여 세력을 계속 제거해감으로써 온 인류와 온 세상을 사단의 죄와 죽음의 통치로부터 해방하여 하나님의 의와 생명의 통치로 회복시키는 일을 하십니다. 주 예수 그리스도는 이 일을 종말까지, 곧 사단의 최후의 힘인 죽음 자체를 없앨 때까지 하십니다. 그때 주 예수 그리스도의 재림이 있고, 그때 사단의 통치는 완전히 종식되고, 온 우주는 드디어 창조주 하나님의 통치 아래 평정되어 하나님의 나라는 완성됩니다(고전 15:21-28). 교회는 주 예수 그리스도의 사단과의 이 전쟁에 징집된 군사입니다. 교회는 하나님 "우편에" 앉으신 "주" 예수 그리스도의 이 땅 위에서의 임재이신 그의 영, 곧 성령의 보호와 인도와 힘주심을 받아 온 세상에 그의 주권을 실현해가는 "일꾼"입니다. 교회는 스스로 예수의 주권에 의존하고 순종하여 하나님 나라의 샬롬을 확대해야 하고, 세상을 향하여 "예수가 주이시다"라고 선포하여 사람들로 하여금 사단의 죄와 죽음의 통치에서 회개함으로 나와서 진정한 주 예수 그리스도의 의와 생명의 통치 아래로 들어오라고 촉구하여야 합니다(롬 1:5).

이것이 교회의 "선교"인데, 이 "선교"는 물론 개개인의 회심과 주권의 전이를 촉구하는 것을 기본으로 하지만, 그것에 국한되는 것이 아니라, 이 세상의 모든 삶의 과정 속에서 사단의 죄와 죽음의 통치를 제거하고 주 예수 그리스도의 의와 사랑의 통치를 실현하는 것을 포함합니다. 그러므로 교회는 사람들에게 그들의 삶의 모든 영역들에서 예수의 주권에 의지하고 순종하도록 촉구할 뿐 아니라, 세상의 정치, 경제, 문화의 모든 제도들과 과정들에서도 주 예수 그리스도의 의와 생명의 통치가 나타나도록 애써야 합니다. 그러면 종말에 완성될 하나님 나라의 구원이 벌써 이 세상에서 인권의 증진으로, 정의와 평화의 확대로, 문화와 환경의 건강 등으로 구체화되어 나타나게 되는 것입니다. 한국의 그 많은 그리스도인 정치가, 기업가, 판검사, 공무원, 학자, 예술가들이 각자의 활동 영역에서 "예수가 주이시다"라는 자신들의 신앙대로 살고 활동하려 애쓴다면 한국 사회에는 주 예수 그리스도의 샬롬이 얼마나 많이 실현되겠습니까?! 그것은 또 오늘 같은 혼돈과 고난의 세상 속에서 여러 민족들에게 얼마나 강력한 선교의 효과를 발휘할 수 있겠습니까?!

하나님의 아들 예수 그리스도에 의해 하나님의 종말의 백성으로 창조되어 그가 대행하는 하나님의 통치를 받게 된 초대교회, 그리하여 그 통치가 가져온 구원을 누리게 된 초대교회는 예수가 나단의 신탁을 진정으로 성취한 "메시아", 곧 "다윗의 씨 - 하나님의 아들"임을 깨닫고, 자신들이 하나님의 백성으로서의 이스라엘의 이상을 실현하는 종말의 이스라엘임을 깨닫게 되었습니다(벧전 2:9; 계 1:6; 5:10; 20:6; 참조: 출 19:6). 그래서 예수의 죽음과 부활 후 예루살렘에서 시작된 아주 초기의 교회는 예수가 "육신으로는 다윗의 씨로부터 나셨고, 성결의 영으로는 죽은 자들 가운데서 일으켜져서 권능을 행사하는 하나님의 아들로 등극하셨다"(롬 1:3-4)고 신앙 고백함으로써 예수가 나단의 신탁을 진정으로 성취한 "메시아"임을 선포하게 되었습니다. 예수가 "죽은 자들 가운데서 일으켜져서 권능을 행사하는 하나님의 아들로 등극하셨다"는 말은 곧 그가 하나님의 통치를 "상속" 받아 대행하는 "주"가 되었다는 말입니다(롬 1:4). 옛 이스라엘은 하나님의 통치를 "상속" 받아 대행하였던 다윗 계열의 왕(다윗의 아들-하나님의 아들)의 통치를 받던 백성이었습니다. 그러나 다윗 왕조의 왕들은 하나님의 통치를 올바로 대행하지 못했고, 이스라엘은 하나님의 백성 됨의 이상을 제대로 실현하지 못했습니다. 예수는 그런 다윗 왕조를 문자적으로 재건하는 것이 나단의 신탁을 성취하는 메시아가 되는 것으로 보지 않았습니다. 그보다는 자신의 대속과 새 언약의 제사로서의 죽음과 부활로 하나님의 사랑의 통치를 대행하고, 그리하여 창조된 하나님의 종말의 백성에게 성령을 주어 그들로 하여금 사랑의 이중 계명으로 오는 하나님의 통치를 실제로 받게 하여 스스로 샬롬을 누리게 하고 또 모든 민족들("열방")에 그 샬롬을 전달하게 하는 "메시아"가 된 것입니다. 그러므로 초대 교회는 예수가 나단의 신탁을 진정으로 성취하여 다윗 왕조의 왕들이 올바로 대행하지 못했던 하나님의 통치를 올바로 대행한 "메시아", 곧 "다윗의 아들-하나님의 아들"이고, 자신들이 다윗 왕조의 또는 이스라엘의 이상을 실현하는(행 2:22-36; 13:23, 32-39; 15:16), 그리하여 하나님의 통치에 대한 순종을 통해 내적으로는 샬롬이 있고 외적으로는 열방에 하나님의 "빛"(계시)과 "구원"을 전달하는(사 42:6; 49:6; 51:4; 60:1-3; 61:6; 행 13:47; 26:13), 하나님의 종말의 백성, 참 이스라엘이 되었다고 이해하게 된 것입니다(벧전 2:9; 계 1:6; 5:10; 20:6).

6. 하나의 복음을 다양하게, 그리하여 포괄적으로 선포하기

신약 성경의 여러 복음 선포자들이 그리스도의 복음을 이렇게 예수의 주권의 범주로 선포합니다. 우리가 이 장의 토론을 위하여 계속 바울의 말씀들을 인용한 데서 잘 드러나듯이, 복음을 이렇게 선포하는 것은 사도 바울에게도 아주 중요합니다. 그러나 사도 바울의 복음 선포에 있어서는 그리스도의 죽음에 좀더 초점이 맞추어지고, 그 대속의 죽음으로 말미암아 우리가 얻게 된 "의인됨", 하나님과 "화해됨," 하나님의 사랑 받는 "자녀 됨" 등에 좀더 무게가 실린 것으로 생각해 볼 수 있습니다. 반면에 누가복음과 사도행전의 저자 누가와 요한계시록의 저자 요한은 그리스도의 부활에 좀더 초점을 맞추고, 예수가 사단을 결정적으로 꺾고 하나님 "우편에" 만유의 주로 높임 받으신 분으로서 지금 성령의 능력으로 그의 교회를 통해 그의 구원의 통치를 펼쳐가고 계신다고 선포하는 데 좀더 무게를 싣습니다.

그래서 누가는 복음서들 중 유일하게 예수의 부활 후 승천하심을 강조합니다(눅 24:51; 행 1:6-11). 더 나아가서 누가는 사도행전에서 승천하신 주께서 어떻게 그의 교회에 성령을 보내(행 2:33) 그들을 보호하시고 인도하시며, 교회를 통하여, 특히 자신의 땅 위에서의 전권대사들인 "사도들"을 통하여, 자신이 생전에 하나님 나라를 선포하며 했던 치유와 해방의 사역을 계속하는가를 되풀이하여 보여줍니다. 그리하여 누가가 선포하는 "복음"은 주 예수 그리스도가 성령의 능력으로 종말에 완성될 하나님 나라의 구원을 지금 벌써 죄인들, 가난한 자들, 소외되고 핍박받는 자들, 병자들의 해방과 치유의 형태로 실현해가고 있다는 데 초점을 두고 있습니다(참조: 눅 4:18-19의 프로그램 선언).

요한계시록은 로마 제국의 전제적 통치가 이 세상에서 유일한 실재인 것같이 보이는 상황 속에서 사실은 부활하시어 하나님의 보좌에 하나님과 함께 앉아 만유의 주가 되신 예수 그리스도께서(계 4, 5장) 이 세상의 진정한 통치자로서 그가 어떻게 교회를 통해 사단의 세력을 제거하고 하나님의 나라를 완성하여 새 창조의 구원을 가져오시는가를 보여줍니다(계 17-22장). 주 예수 그리스도는 그의 교회에 성령으로 힘주시어 그들로 하여금 "예수의 증거"(계 12:17; 19:10; 예수가 한 증거), 즉 하나님 나라, 곧 하나님의 진정한 왕적 통치에 대한 증거를 신실히 하게 하십니다. 스스로를 신격화하며 "로마의 평화"(pax romana)의 거짓 복음으로 온 세상을 현혹하면서 무력으로 온 세상을 착취하고 압제하는, 사단의 앞잡이인 로마 황제와 그의 체제(계 13장; 17장)에 대항하여, 교회가 이렇게 참 하나님과 그의 의와 사랑의 통치("죽임 당한 어린양"을 통한 통치 – 5장)를 신실히 증거함으로써 세상을 회개시켜 참 하나님을 예배하게 합니다(계 11:1-13). 요한계시록은 주 예수 그리스도께서 그의 교회를 통하여 이렇게 사단의 죄와 죽음의 통치를 제압하고 그의 구원의 통치를 펼쳐가는 것을 그가 메시아적 전사로서 그의 교회(하나님의 새 백성, 새 이스라엘의 "12 지파"에서 동원된 144,000명)를 군대 삼아 사단의 세력에 대해 성전(聖戰)을 펼치는 것으로 그립니다(계 7장). 그러나 요한계시록의 모든 그림들(imageries)과 마찬가지로 이 그림도 문자적으로 이해해서는 안 됩니다. 요한계시록은 교회가 무력으로 성전을 치루어 사단의 세력을 쳐부순다고 말하는 것이 아닙니다. 거짓 "복음"으로 사람들을 현혹하고, 무력으로 그들을 압제하는 것은 사단의 방법입니다. 정반대로 교회는 진리로(즉 창조주 하나님이 왕이시다라는 참 복음으로) 그리고 사랑으로(즉 "죽임당한 어린 양"을 따라 자기 희생적 순교로) 거짓과 무력으로 달려드는 사단의 세력과 "싸워" 이긴다는 것입니다. 요한계시록은 "죽임당한 어린양"으로서 부활하시어 하나님의 보좌에 앉으신 주 예수 그리스도께서 지금 그의 교회의 선교를 통해 이렇게 사단의 세력을 극복하고 하나님의 의와 사랑의 통치를 실현해 가심으로 끝내 하나님 나라를 완성하심을 보여주고 있습니다.

히브리서는 예수 그리스도의 죽음과 부활의 구원론적 의미를 함께 강조하는 복음 선포 형식을 보여줍니다. 히브리서의 저자는 먼저 그리스도는 하나님의 선재하신 아들로서 하나님의 최종적 계시자이며(히 1:1-14), 우리의 대제사장이 되어 우리를 온전히 대표할 수 있도록 하기 위해 성육신하여 우리의 고난의 처지에 오신 분임을 강조합니다(히 2:14-18). 그리고는 그리스도께서 속죄와 새 언약의 제사로 자신을 죽음에 바침으로써 우리를 위한 대제사장 노릇을 하여 옛 성전의 기능을 완성하고 우리의 죄 문제를 단번에 영원히 효과 있게 해결하였으며, 그리하여 우리로 하여금 하나님과의 온전한 관계에 들어가게 하였음을 강조합니다(히 8-10장). 이렇게 하여 히브리서의 저자는 믿음과 세례로 죄용서의 체험을 한 후에도 계속 이런 저런 죄들을 지면서 살 수밖에 없음을 인해 고민하던 나머지 유대교에로 회귀하려는 유혹을 받고 있는 독자들에게 구원의 확신을 주고 미래에 있을 구원의 완성을 향하여 정진할 것을 권면합니다. 저자는 또 하나님께서 그리스도를 부활시켜 시편 110편의 예언대로 자신의 우편에 높이시고(시 110:1) 멜기세덱의 반차를 잇는 영원한 대제사장이 되게 하셨고(시 110:4), 그리하여 그리스도가 하나님의 아들로서 하나님의 면전에서 우리를 위해 지금도 대제사장 노릇하고 계신다는 것, 곧 우리의 중보자 노릇하고 계신다는 것을 강조합니다(4:14-5:10; 7:1-28). 이것은 계속 남아 짓누르는 죄의식과 공동체로부터의 소외와 핍박 등에 시달리며 첫 신앙의 열정을 잃고 괴로워하는 독자들에게 이런 대 제사장의 현재적 중보에 힘입어 하나님께 확신을 가지고 나아가 도움을 얻으며 종말의 영원한 안식을 향해 가는 순례의 길을 신실히 가도록 권면하기 위해서입니다. 히브리서는 또 예수 그리스도를 하나님의 영광과 구원의 완성에 이르는 믿음의 길을 개척하고 완성한 향도로 그리면서 우리로 하여금 그의 믿음과 순종과 인내를 본받아 이 순례의 길을 신실히 가도록 권면합니다.

오늘날의 교회도 신약 성경의 모범을 따라 복음을 다양하게 그리고 포괄적으로 선포하여야 합니다. 여기 간략하게 요약한 신약 성경의 복음 선포의 여러 유형들과 범주들을 다 사용하여 복음을 선포할 때 복음은 포괄적으로 선포되는 것이며, 그렇게 포괄적으로 선포된 복음은 균형 있고 건전한 신앙생활을 유발시키는 것입니다. 이 대전제적 요구를 항상 염두에 두면서, 교회는 또 교회가 처한 시대와 장소(Sitz im Leben ; life-situation ; 삶의 자리)의 구체적 필요성(needs)에 따라 신약 성경의 여러 유형들이나 범주들 중 하나를 두드러지게 사용하여 복음을 선포할 필요도 있습니다. 그래야 복음의 삶에의 구체적 적합성(relevance)을 잘 나타낼 수 있습니다.

앞서 말한 대로 그리스도 안에 있는 하나님의 구원의 은혜성을 가장 잘 드러내는 범주는 "의인 되게 함"(justification)입니다. 그래서 바울이 율법의 행위를 요구하는 유대주의자들에게 맞서 싸울 때 복음을 그 범주로 선포하였듯이, 중세 가톨릭교회의 공로 신학에 의한 신앙의 왜곡 현상이 심각한 상황 속에서 종교 개혁자들은 복음을 그 범주로 선포하여 종교 개혁을 이루고 개신교의 신앙과 영성과 문화를 형성했던 것입니다. 하나님의 구원의 은혜성은 어떤 상황에서도 잊어서는 안 됩니다. 우리는 이미 초월성과 은혜성이 진정한 구원의 두 조건들임을 확인했습니다. 그러므로 교회는 복음을 "의인되게 함"의 범주로 선포하는 것을 게을리 하면 안 됩니다.

더구나 오늘 같이 공로(merit)와 보상의 원칙에 따른 문화가 더 이상 견뎌내기 힘든 생존경쟁의 삶을 가져오고, 이른바 "성공"의 도에 따라 차별 대우를 받아 약자는 무시되고 희생되는 상황 속에서, 하나님의 은혜로만 "의인됨"의 복음은 개인의 하나님과의 올바른 관계를 위해서만이 아니라 올바른 이웃 관계와 만인의 인권 존중을 위해서도(즉 그 사회윤리적 함축의미를 위해서도) 절실히 중요한 것입니다. 하나님과 올바른 관계로 회복된 "의인"은 이웃과도 올바른 관계에 서 있어야 함은 물론입니다. 또 구원이 은혜로만 그리고 믿음으로만 이루어지는 것이기에 선행을 자랑하는 유대인이나, 지혜를 자랑하는 헬라인이나, 선행도 없고 지혜도 없는 야만인이나 스구디아인이나, 자유자나 종이나, 문벌이 좋은 자나 낮은 자, 학식이 많은 자나 적은 자나, 남자나 여자나 할 것 없이 다 함께 은혜로 하나님과 올바른 관계로 회복되어 하나님의 자녀들이 되고 동등한 대접을 받게 됨을 인식해야 합니다(롬 1:16; 고전 1:26-31; 갈 3:28; 골 3:11). "자랑하려는 자는" 자신의 지혜나 선행이나 가문이나 학벌을 자랑하지 말고 오직 은혜로 우리를 구원하는 "주를 자랑하라!"(고전 1:31; 고후 10:17; 렘 9:22-23). 능력도 가문도 학벌도 별 볼일 없는 자여, 비관하지 말라, 그대도 은혜로 우리를 구원하는 "주를 자랑하라!" 그 주의 은혜로 의인되고 하나님의 자녀되었음을 자랑하라!

그러나 앞서 본 바와 같이 은혜로만 그리고 믿음으로만 "의인됨"의 범주로만 복음을 선포할 때 오해를 일으켜 구원이 윤리와 분리됨으로써 하나님의 은혜는 "싸구려 은혜"로 전락하고 마는 심각한 상황이 벌어질 수 있습니다. 그런 상황 속에서는 바울과 같이 그 "의인됨"의 구원론을 포괄적으로 가르쳐 그 구원론이 윤리를 구조적으로 동반한다는 것을 주지시켜야 할 뿐 아니라, 좀더 구체적으로 마태와 같이 의인으로서의 삶을 강조하여 "의의 열매"를 맺도록 해야 할 것입니다. 더 나아가 복음을 예수의 주 되심의 범주로 선포하여 삶의 구체적 정황 속에서 사랑의 이중 계명의 요구로 오는 예수의 주권에 순종해야 함을 강조해야 합니다.

사회 정의가 심각하게 훼손되고 인권이 짓밟히는 처지에서도 은혜로만/믿음으로만 "의인됨"의 구원론의 사회윤리적 함축 의미를 충분히 드러내는 것에 더하여, 누가 식으로 주 예수 그리스도의 현재적 구원의 통치가 어떻게 장애자들, 가난한 자들, 약한 자들, 소외되고 핍박 받는 자들의 "치유"와 해방으로 나타나는가를 선포하고, 어떻게 교회가 그 "치유"와 해방의 구원을 실현하는 일꾼(agent) 노릇을 해야 하는가를 강조하여 가르칠 필요가 있습니다. 일제 시대에는 복음을 요한계시록식으로 선포하는 것이 절실히 필요했습니다. 물론 널리 퍼진 요한계시록에 대한 오해에 근거하여 현실도피적 내세주의적 신앙을 위해서가 아니라, 앞에 간단히 요약한 대로 핍박 받는 하나님의 백성에게 구원의 확신과 소망을 주고, 천황숭배의 우상숭배와 "대동아 공영권"의 거짓 "복음"에 굴복하고 현혹되는 것을 막으며, "예수의 증거"(하나님의 나라)를 순교를 무릅쓰고 신실히 하여 최후의 승리를 얻도록 하기 위해서였습니다. 과거 30 여년간 한국에서 군부가 경제 성장이라는 달콤한 바빌론의 술로 사람들을 현혹하며 국민의 인권을 짓밟는 무단통치를 계속하였을 때, 여러 교회 지도자들은 대통령 조찬기도회에 나가 그 독재자들을 떠받드는 제사장 노릇을 할 것이 아니라 요한계시록같이 주 예수 그리스도의 복음을 선포했어야 했습니다. 오늘날 미국이 앞장서서 조장하는 맘몬이즘의 우상숭배와 "세계화"라는 거짓 복음이 우리를 지배하려는 상황 속에서 교회는 주 예수 그리스도의 복음을 효과적으로 선포하기 위해서 특별히 요한계시록에서 지혜를 얻어야 할 것입니다. 오늘의 갈등의 세계 속에서, 특히 한국의 상황 속에서 왜 복음이 특히 "화해"의 범주로 선포되어야 하는가는 앞에서 살펴보았습니다.

신앙생활 중 죄책감이나 여러 가지 어려움들로 고달파하는 성도들을 위해서는 히브리서식으로 복음을 선포하는 것이 효과적일 수 있습니다. 종교 다원주의 상황 속에서는 그리스도의 계시와 구원의 최종성(finality)과 충분성(sufficiency)을 강조하는 히브리서식이나 요한복음식으로 선포하는 것도 중요합니다. 이 세상의 모든 사물들을 허상(illusions)으로 보는 불교도들에게는 요한이 비슷하게 생각하는 헬라인들에게 했듯이 그들의 세계관을 활용하여 복음을 선포하는 것이 긴요할 것입니다. 즉 허상적인 이 세상에서 허상적인 "나"가 어떤 진리(실체; reality)를 터득하여 구원을 얻을 수 없는 상황 속에 있는 우리를 위하여 저 "위"의 하나님이 자신의 아들 예수 그리스도를 이 "아래"의 허상의 세계에 보내셔서 "위"의 하나님의 진리(실체; reality)를 계시하고 그의 구원(곧 신적 생명, 영생)을 가져왔다는 요한의 "복음" 말입니다.

성경에 무식하고 신학적 통찰력이 부족한 가운데 오로지 "보수"만을 외치는 그리스도인들은 복음을 시대와 처지를 물론하고 오로지 종교 개혁자들(칼빈!)식으로만, 그러니까 바울의 "의인됨"의 범주로만, 그것도 포괄적으로 옳게 이해된 "의인됨"이 아니라 오직 "무죄 선언됨"(acquittal)의 측면으로만 이해된 "의인됨"의 범주로만 선포해야 한다고 주장하기도 합니다. 그들은 그렇게 함으로써 역설적으로 그들이 "보수"한다는 성경의 많은 가르침을 무시해버리는 우를 범할 뿐 아니라, 복음을 심각하게 왜곡하고 그리하여 복음이 가져다주는 구원이 일어나지 못하게 하는 큰 오류를 범하는 것입니다.

한국의 성도들의 성경과 신학에 대한 이해도 이제는 좀더 성숙해져야 합니다. 그리하여 그리스도의 복음이 포괄적으로, 그러면서도 삶의 정황에 적합하게 선포되어야 하고, 그럼으로써 복음이 가져오는 구원이 개인과 사회의 삶에 첫 열매의 형태로나마 구체화되어 나타나게 해야 합니다.

결론과 초대

지금까지 우리는 2000년 전 유대 땅에서 산 예수의 하나님 나라 선포와 그의 죽음과 부활을 통해서 어떻게 우리로 하여금 아담적 죄와 죽음의 굴레에서 벗어나 하나님과 올바른 관계로 회복되게 하고, 그리하여 창조주 하나님의 무한한 부요함을 덕입어 살게 하는 하나님의 종말의 구원이 발생했는가를 살펴보았습니다. 예수 그리스도의 하나님 나라 선포와 그의 대속과 새 언약의 제사로서의 죽음과 하나님이 그를 부활시키심을 통하여 우리의 피조물적 한계성을 극복하고 하나님의 초월자적 생명(神的 생명, 곧 영생)을 얻게 하는 구원이 우리에게 발생하였습니다. 이것이 "복음", 곧 기쁜, 좋은, 복된 소식입니다. 우리는 특히 그리스도의 사도들이 이 하나의 복음을 풍부히 선포하기 위해서 어떻게 다양한 그림언어들을 동원하여 선포하였는가도 살펴보았습니다. 즉 신약성경의 여러 저자들의 다양한 복음 선포의 형태들과 그림언어들은 그 본질에 있어서는 다 우리가 창조주 하나님의 통치 아래 들어가 (즉 하나님께 의존하고 순종하는 올바른 관계에 회복되어) 영생을 얻게 된다는 하나의 뜻을 가진 것들로서, 다만 각기 다양한 삶의 장의 필요성에 따라 이 하나의 복음의 서로 다른 측면들을 특별히 부각시키는 기능을 가지고 있음을 살펴보았습니다.

그래도 신약성경의 언어로 복음을 한마디로 표현하라고 한다면, 아마 요한복음 3:16을 인용하는 것이 가장 적절할 것입니다: "하나님이 세상을 이처럼 사랑하사 그의 독종자(獨種子)를 주셨으니, 이는 그를 믿는 자마다 멸망치 않고 영생을 얻도록 하기 위함이었다"(필자의 사역). 창조주 하나님이 우리를 사랑하십니다. 우리를 너무 사랑하셔서 자신의 아들을 십자가의 죽음에 우리의 속죄 제사로 내어주셨습니다. 그리하여 우리가 영생을 얻게 되었습니다. 이것은 인간이 그냥 상상해낸 아름다운 생각이나 단순히 믿어야만 되는 하나의 교리에 그치는 것도 아닌, 신적 진리입니다. 하나님 스스로 그리스도를 부활시킴으로써 그것을 확인했으니 말입니다. 그러므로 이 소식은 얼마나 위대한 "복음"입니까?!

그래서 이 책을 여기까지 읽은 독자 귀하에게 권하는 바가 있습니다. 이 복음을 믿어 창조주 하나님의 사랑을 받고 영생을 얻으십시오!